LAURA LIMBERG
Das Passive Money-Prinzip

GOLDMANN

LAURA LIMBERG

DAS **PASSIVE MONEY** PRINZIP

EASY
NEBENBEI GELD
VERDIENEN
mit passivem
Einkommen

GOLDMANN

Alle Ratschläge in diesem Buch wurden von Autorin und vom Verlag sorgfältig erwogen und geprüft. Eine Garantie kann dennoch nicht übernommen werden. Eine Haftung der Autorin beziehungsweise des Verlags und seiner Beauftragten für Personen-, Sach- und Vermögensschäden ist daher ausgeschlossen.

Wir haben uns bemüht, alle Rechteinhaber ausfindig zu machen, verlagsüblich zu nennen und zu honorieren. Sollte uns dies im Einzelfall aufgrund der schlechten Quellenlage bedauerlicherweise einmal nicht möglich gewesen sein, werden wir begründete Ansprüche selbstverständlich erfüllen.

Der Verlag behält sich die Verwertung der urheberrechtlich geschützten Inhalte dieses Werkes für Zwecke des Text- und Data-Minings nach § 44 b UrhG ausdrücklich vor.
Jegliche unbefugte Nutzung ist hiermit ausgeschlossen.

Penguin Random House Verlagsgruppe FSC® N001967

2. Auflage
Originalausgabe März 2024
Copyright © 2024: Wilhelm Goldmann Verlag, München,
in der Penguin Random House Verlagsgruppe GmbH,
Neumarkter Str. 28, 81673 München
Umschlag: Uno Werbeagentur, München
Umschlagmotiv: Eva Vodermeier
Redaktion: Eckard Schuster
Satz: Satzwerk Huber, Germering
Druck und Bindung: GGP Media GmbH, Pößneck
Printed in Germany
AR · IH
ISBN 978-3-442-1799-30

www.goldmann-verlag.de

Für Lilli
Mögest du dich trauen, groß zu träumen.
It's all yours.

INHALT

Vorwort oder warum ich dieses Buch geschrieben habe 9

Mein Weg 11
Der Weg zur finanziellen Freiheit 19
Dein Money-Mindset 31
Finanzen 59
Passive Einnahmen 67
Starten 77
Physische Produkte 83
Online-Shop, Marketplaces & Dropshipping 93
Digitaler Content 103
Amazon KDP 119
Amazon Merch on Demand 123
Fulfillment by Amazon 125
Aktien & ETFs 141
Immobilien 157
Hilfreiche Tools 169
Do the Work 175
Affirmationen 183

Dank 185

VORWORT ODER WARUM ICH DIESES BUCH GESCHRIEBEN HABE

Die Motivation, dieses Buch zu schreiben, kam mit der Erkenntnis, wie viel Zeit und Energie es mich gekostet hat, um dahin zu kommen, wo ich heute bin. Deshalb möchte ich dir damit die Möglichkeit geben, dass du bereits alles Notwendige in Händen hältst und direkt loslegen kannst. Ich bin mit veralteten, überholten Glaubenssätzen zum Thema Geld und Reichtum groß geworden, musste mein Unterbewusstsein umpolen, neue Glaubenssätze entwickeln und sie in die Realität umsetzen. Ich habe viele Fragen gestellt, gelesen, recherchiert, Geld verloren, Dinge ausprobiert, immer mit einem großen Ziel vor Augen: passiv Geld verdienen. All mein Wissen, meine Expertise und Erfahrung zu diesem Thema, die ich über die letzten Jahre gesammelt habe, möchte ich dir nun mit diesem Buch mit auf den Weg geben, unabhängig davon, wie jung du bist, wo du gerade beruflich, finanziell oder generell in deinem Leben stehst. Glaube mir, alle Türen stehen dir offen! Du musst nur den Weg dorthin finden, und dieser Weg muss nicht steinig und schwer sein, so wie es uns gerne gesagt wird. Geld verdienen darf leicht sein. Geld verdienen darf Spaß machen. Geld verdienen darf passiv passieren. Passiv Geld verdienen bedeutet: Du verdienst Geld, wenn du gerade nichts aktiv dafür tust. Wenn du schläfst, isst oder Rasen mähst. Flexibel, zeit- und ortsunabhängig. Was du dafür brauchst, ist ein stabiles Fundament. Und ich verspreche dir, dass das wirklich funktioniert.

Vorwort oder Warum ich dieses Buch geschrieben habe

Wenn Erfolg garantiert wäre, was würdest du dann wirklich tun? Stell dir vor, dass deine Arbeit nicht acht Stunden fünf Tage die Woche füllt. Dass du selbst entscheiden kannst, wann, wo und wie viele Stunden pro Tag und Woche du arbeitest. Wenn finanzielle Sicherheit gegeben ist, ohne 40 Stunden die Woche zu festen Arbeitszeiten zu arbeiten? Für viele von uns war es bisher undenkbar, sich über solche Fragen überhaupt Gedanken zu machen. Was macht dich glücklich und erfüllt dich? Was würdest du gerne tun, wenn du nicht den ganzen Tag arbeiten müsstest? Das Leben ist endlich, und wir sollten unsere Tage mit Menschen und Beschäftigungen verbringen, die uns ein Gefühl von Leichtigkeit und Zufriedenheit vermitteln.

Schon früh habe ich in meinem Freundeskreis gemerkt, dass die Selbstverständlichkeit meiner Einnahmen durch passive Einnahmequellen nicht gang und gäbe ist. Meistens war ich es, die meine Freundinnen vor einer finanziellen Abhängigkeit in Beziehungen gewarnt, zum Sparen und Anlegen motiviert und übermäßiges Konsumverhalten hinterfragt hat. Manchmal bin ich immer noch wütend darüber, dass wir in der Schule nichts über dieses Thema lernen und es in unserer Gesellschaft normal ist, einer Arbeit nachzugehen, die dich zwar nicht glücklich macht, aber ein »gutes Gehalt« als Happiness-Ausgleich generiert. Wann erkennen wir in unserer Gesellschaft endlich, dass unser Leben so kostbar und wertvoll ist, dass wir jeden Tag etwas tun sollten, das uns erfüllt und glücklich macht? Das sollte die Grundvoraussetzung sein, und alles andere sollte dann daraus folgen. Lasst uns also keine Zeit verlieren!

Übrigens: Berichte mir gerne von deinen Erfolgen und Erfahrungen. Ich freue mich auf die Lektüre.

MEIN WEG

Ich stand einmal genau an demselben Punkt wie du. In meiner Jugend, würde ich behaupten, wusste ich nicht einmal, was sich hinter dem Begriff passives Einkommen verbirgt. In der Schule habe ich nicht gelernt, wie ich mein Geld anlege, sodass daraus kurz- bis langfristig mehr wird. Mir wurde weisgemacht, wenn ich gutes Geld verdienen will (Was ist überhaupt gutes Geld?), muss ich einen Master-Abschluss und unbezahlte Praktika machen. Spoiler: Ich habe mit Ach und Krach einen Bachelor-Abschluss geschafft. Ich könne froh sein, wenn ich einen guten Job (Was ist die Definition von einem guten Job?) in einem mittelständischen Unternehmen bekommen würde. So die Überzeugung meiner Eltern. Ich bin ihnen deshalb nicht einmal böse, sie wussten es nicht besser. Geld verdienen ist für ihre Generation mit Fleiß und harter Arbeit verknüpft. Auch in der Schule habe ich keine anderen Glaubenssätze beigebracht bekommen, war doch immer eine gute Leistung in Form von Noten unabdingbar, damit sich weitere Türen im Leben öffnen.

Das habe schließlich auch ich geglaubt. Glaubenssätze zum Thema Geld, die ich heute zum Glück hinter mir gelassen habe. Trotz ungünstiger Voraussetzungen habe ich die Kunst, leicht Geld zu verdienen und passives Einkommen zu generieren, zu meiner größten Stärke gemacht. Darüber spreche ich seit rund zwei Jahren auch auf Social Media und darf dort immer mehr Coachees dabei begleiten, ebenfalls ihren persönlichen Weg zu passivem Einkommen zu finden.

Aber von vorn: Bereits in ganz jungen Jahren habe ich angefangen, mit Nebenjobs mein erstes Geld zu verdienen. Mit 13 oder 14 Jahren habe ich in einer Flaschenfabrik Leergut sortiert. Um sechs Uhr morgens ging der Tag los und nach acht Stunden Arbeit in einer dunklen und staubigen Halle war mein Taschentuch nach dem Naseputzen schwarz. Außerdem habe ich Flyer verteilt und gekellnert. Letzteres war manchmal mit zehn bis zwölf Stunden Arbeit verbunden, hat mir aber schon früh eine gewisse Menschenkenntnis vermittelt, die ich nicht missen möchte. Ein Nebeneffekt davon ist, dass ich heute niemals ein Restaurant oder eine Bar ohne großzügiges Trinkgeld verlasse. Mit 16 war ich auf Messen als Hostess tätig und wurde dort das erste Mal angesprochen, ob ich nicht auch modeln möchte. Seitdem arbeite ich bis heute auch als Model im Commercial- und Sportbereich für nationale und internationale Kunden. Aber ich wollte mehr für meinen Kopf.

Nach meinem Abitur habe ich Betriebswirtschaftslehre in Berlin studiert. Das Studium habe ich mit minimalem Aufwand und maximalem Ertrag (eher schlechtem Notenschnitt) abgeschlossen. Kein Maßstab, aber für mich in dieser Situation völlig ausreichend. Damit sah meine Vita eher nach vorprogrammiertem Scheitern in der Welt meiner Eltern aus. Für mich war dieser Abschluss lediglich ein »Backup« in der Tasche, weil ich verstanden habe, dass es in unserer Gesellschaft vor allem darauf ankommt, dass man seine Abschlüsse vorweisen kann. Erfolge oder auch Misserfolge, die Erfahrung und Mut im Business beweisen, zählen hingegen weniger. (Ich würde meine MitarbeiterInnen nicht nach Abschluss oder Ausbildung auswählen, sondern aufgrund ihrer Leistung, ihres Kommunikationstalents und ihrer Fähigkeit zu holistischem Denken.)

Was mich auf meinem Weg viel mehr geprägt hat als diese Formalia, war der Ort, an dem ich gelebt habe. Berlin! Die Stadt, in der es viel mehr grenzenlose Möglichkeiten, Lebenskonzepte, berufliche Denkweisen gibt als im Ruhrgebiet, wo ich herkomme. Durch

Gespräche mit GründerInnen und Kreativen habe ich kennengelernt, wie Menschen konventionelle Regeln und Arbeitsformen über Bord werfen und dabei erfolgreich sind. Ich habe mehrfach Praktika absolviert und als Werksstudentin in Start-ups gearbeitet, immer in einer Beobachterrolle. Dabei konnte ich neue Arbeits- und Organisationsstrukturen, Kommunikationsstrategien, andere Arten der Mitarbeiterführung aufsaugen und mich davon inspirieren lassen. Darunter war dann auch einiges, was ich unter der Rubrik »So mach ich es nicht« abgespeichert habe. Für mich eine der prägendsten Zeiten meines Lebens, in der ich sehr viel lernen durfte.

Dabei war mir wohl unterbewusst schon immer klar: Ich mache mein eigenes Ding und werde niemals einen Vertrag für eine Festanstellung unterschreiben. Das muss zwar nicht dein Weg sein, aber mir persönlich waren fest vorgegebene Arbeitszeiten schon immer ein Dorn im Auge. Allein die Tatsache, dass ich den Mehrwert, den ich schaffe, für eine Firma kreiere, davon aber nicht selbst direkt profitiere, hält mich davon ab. Lieber arbeite ich in meine eigene Tasche und habe die Fäden selbst in der Hand. Ich bin einfach nicht der Typ für fest vorgegebene Systeme.

Während meines Studiums habe ich mich komplett selbst finanziert. Ich habe weder geerbt noch anderweitige Unterstützung gehabt. So habe ich schnell gelernt zu haushalten, denn es gab nicht die Möglichkeit, zu Hause anzurufen, wenn am Wochenende doch mehr gefeiert wurde als gedacht und das Geld knapp war. Ich habe nach wie vor als Model gearbeitet und mir Ersparnisse zur Seite gelegt. Neben meinem Studium habe ich außerdem eine Ausbildung als Yogalehrerin auf Bali gemacht und selbst angefangen, in einigen Studios in Berlin zu unterrichten. Mir hat als Lehrerin, aber auch als Schülerin kein Studio zu hundert Prozent zugesagt. Entweder hat es in den Studios penetrant nach billigen Räucherstäbchen gerochen, oder die Lappen zum Reinigen der Matten waren schon zu oft benutzt worden und rochen nach Feuchtigkeit. Man lag zu eng beieinander, ich konnte den Schweißgeruch meines Nachbarn riechen, und das Deckenlicht schien auch während des Shavasana direkt in mein Gesicht. Oder aber es waren fancy Studios, in denen ich das Gefühl hatte, wenn ich nicht die Lululemon-Kombi mit passender Yogamatte mitbringe, dann bin ich hier fehl am Platz. Dabei sollte gerade Yoga ja an einem Wohlfühl- und wertfreien Ort stattfinden.

Meine erste Passive Money-Idee war also geboren – mit 12 000 € Ersparnissen in der Tasche!

Mit Anfang zwanzig gründete ich die Wellbeing-Brand *The Life Barn*. Die Vision zu diesem Ort hatte ich schon lange. Bis in die letzten Details habe ich geplant, wie dieser Ort sich anfühlen und Menschen im turbulenten Berlin eine Auszeit schenken soll. Ich wollte einen Ort schaffen – offline wie online –, der eine Oase in unserer chaotischen Welt und im stressigen Alltag sein soll. Es geht um Produkte rund um das Thema Wohlbefinden und Achtsamkeit. Das Unternehmen habe ich von Beginn an auf passive Einnahmen und möglichst wenig aktive Arbeitszeit ausgerichtet. Zu *The Life Barn* zählen ein Yogastudio, ein eigener Shop, zu dem ein Verlag gehört, und der Ableger *The Life Barn Home*.

Angefangen hat alles mit dem Yogastudio. Als ich einmal über einen Jahreswechsel in Kapstadt war, habe ich auf meinem Pinterest-Board Fotos gesammelt, wie das Studio aussehen soll, und dazu passende Mood-Bilder gespeichert. Der Name stand, aber es gab diesen Ort noch nicht. Zurück in Berlin, habe ich drei Gewerbeflächen besichtigt. Die erste ist es geworden, mitten im Herzen vom Prenzlauer Berg in einem versteckten und ruhigen Hinterhof. Die Gewerbeeinheit bestand aus einem Estrichboden und einem einzigen Auslass an der Decke für eine Lampe. Ich habe einen schönen Boden in Holzoptik verlegen und dimmbare Strahler installieren lassen, die Atmosphäre schaffen, und das restliche Studio minimal mit Naturmaterialien ausgestattet. Viel Holz, Leinen, Jute und Baumwolle. Ein Wohlfühlort mitten in der Stadt! Auf Instagram habe ich die Location auch schon ohne ein fertiges Yogastudio mit meinen Mood-Bildern von Pinterest beworben. Dabei gab es diesen Ort so noch gar nicht. Trotzdem wollte ich dadurch schon den Vibe kommunizieren. Nicht lange, und die ersten interessierten Yogis haben mir Nachrichten geschrieben, wo denn dieses Yogastudio sei und wann wir aufmachten. Das hat mich bestärkt, dass ich genau das Richtige tue. Meine ersten fünf LehrerInnen habe ich über mein kleines Yoga-Netzwerk gefunden, und noch im Monat des Mietbeginns ging es los mit den ersten Klassen. Ich habe neben Social Media auch *Urban Sports Club* und *Classpass*, also Sport-Abo-Modelle, als Marketingkanäle genutzt, um unser Studio sichtbarer zu machen. Es hat funktioniert. Schon im ersten Monat habe ich schwarze Zahlen geschrieben, das Angebot und das Team schnell ausgeweitet. Am Ende waren es 50 LehrerInnen, die online und offline Klassen für *The Life Barn* unterrichtet haben.

Ich selbst habe von Anfang an sehr wenige Klassen selbst unterrichtet – irgendwann gar nicht mehr – und meine Ressourcen stattdessen in die Entwicklung der Brand gesteckt. Versteht mich nicht falsch: Mir waren die Inhalte der Stunden und vor allem die Qualität nicht egal – im Gegenteil. Aber ich bin fest davon überzeugt, dass es bessere Lehrerinnen gibt als mich, die noch mehr Erfahrung mitbringen. Ich wollte von Anfang an vermeiden, dass SchülerInnen zur Gründerin des Studios in die Klasse kommen wollen. Einfach nur, weil ich das Gesicht der Marke bin. Außerdem haben mich die Rolle als Chief Financial Officer und meine Arbeit an Strategie und Produktentwicklung mehr als genug ausgelastet, um nicht meine große Vision aus den Augen zu verlieren. So habe ich eine große Diversität an ganz unterschiedlichen Yoga-, Pilates-, Sound-Bath-, Meditations- und Barre-LehrerInnen in mein Team geholt, die *The Life Barn* aufgrund ihrer Energie, Expertise und

Qualität zu einem erstklassigen Studio und einem ganz besonderen Ort gemacht haben.

Mit mehr KundInnen, LehrerInnen und stärkerer Präsenz kamen auch immer mehr To-dos dazu. Außerdem wollte ich nebenbei immer noch modeln. Ich wollte mich nie darauf beschränken lassen, nur eine Sache zu machen. Dafür erfüllen mich zu viele Dinge, die ich in mein Leben integrieren möchte. Schnell habe ich gemerkt, dass ich für Aufgaben, die nicht zwingend von mir ausgeführt werden müssen, Support organisieren möchte.

Meine erste Mitarbeiterin war meine Social-Media-Managerin, die mich später auch bei administrativen Aufgaben unterstützt hat, wie Verträge erstellen und E-Mail-Kommunikation. Das war eine große Erleichterung. Als zweite kam meine Studiomanagerin dazu. Denn bei so vielen LehrerInnen gibt es ständigen Kommunikationsbedarf. Seien es Urlaubszeiten, Krankheitsfälle oder Onboardings im Studio. Mein Team war so gut aufgestellt, wie ich es mir nicht besser hätte wünschen können. Nur ein einziger Jour fixe mit meinen Mitarbeiterinnen war nötig, der Rest konnte über kurze Updates per E-Mail oder WhatsApp gelöst werden.

Mein Studio war also eine Passive Money-Quelle, da ich keine festen Arbeitszeiten hatte, operativ nicht gebraucht wurde und meine aktive Arbeitszeit sich auf Jours fixes mit meinen beiden MitarbeiterInnen beschränkte. Buchhaltung, E-Mailing und Anfragen waren so vorsortiert, dass ich nur noch reagieren musste, wenn denn meine Aktivität gefragt war. Nebenbei hatte ich sogar noch ein Studium der Baubiologie begonnen. Ich habe bewusst nie die öffentliche Bühne als Gründerin und Inhaberin gesucht, denn ich wollte nicht unersetzlich sein. Meine Überzeugung war von Anfang an bis heute: Ich gebe gerne anderen die Aufmerksamkeit, die sie verdienen für Tätigkeiten, die sie besser beherrschen und mehr lieben als ich. Das ist eine Win-win-Situation: Ich verdiene an jeder Stunde mit und kann das Geld schnell in weitere Shop-Produkte,

IT-Leistungen und Upgrades im Studio reinvestieren. Und auch die LehrerInnen profitieren von mehr Stammkundschaft. Nur so hatte ich als One-Woman-Show die Möglichkeit, weiteres Wachstum voranzutreiben, denn ich wollte mehr!

Allerdings gab es einen Punkt, den ich nicht optimieren konnte. Wenn wirklich etwas schiefging, etwa technische Probleme beim Streaming, Nichterscheinen von LehrerInnen, WLAN-Ausfall, fehlende Schlüssel etc., dann war leider ich diejenige, die für Notfälle erreichbar sein musste. In letzter Instanz war ich gefragt, und das bedeutete: immer erreichbar sein zu müssen. Sieben Tage die Woche von morgens um sechs bis abends um 22 Uhr oder noch länger bis mitten in der Nacht.

Ich habe gemerkt, dass es nicht nur um die reine Arbeitszeit, sondern auch um unterbewussten Stress durch den Zwang zum Ständig-erreichbar-sein-müssen geht. Passiv Geld verdienen bedeutet jedoch, gedanklich und physisch frei sein zu können. Das Handy auch mal im Flugmodus zu lassen. Krank sein zu dürfen. Zeit mit den Kindern zu verbringen. Ganzheitlich dort zu sein, wo du gerade bist.

Du wirst auch im weiteren Verlauf des Buches merken, dass ich immer wieder darauf eingehen werde, nicht in alte Arbeitsmuster abzudriften. Deshalb habe ich immer öfter die räumliche Distanz zum Studio, das nur zwei Straßen von meiner Wohnung entfernt war, und somit auch von Berlin gesucht. Ich bin viel in die Berge gefahren und habe Freunde in München besucht – die Ruhe und die Natur dort haben mir Energie gegeben. Mein Bauchgefühl hat mir gesagt, dass es Zeit für einen Ortswechsel wird. Alles hat gepasst, ich habe innerhalb eines Monats meine Traumwohnung in München bekommen und meine Wohnung in Berlin abgegeben. Aus der Ferne das Studio zu führen hat funktioniert, aber die Abhängigkeit und die ständige Erreichbarkeit blieben. Deswegen habe ich mich entschieden, etwas zu verändern. Noch freier zu werden, indem ich auf andere Weise zu passiven Einnahmen gelange. Maximal flexibel zu sein.

Zum Jahreswechsel 2021 auf 2022 habe ich das Yogastudio verkauft, die Brand jedoch blieb bestehen, und mit dem neuen Ableger *The Life Barn Home* entstand eine zusätzliche Consulting-Plattform für ein gesundes und nachhaltiges Zuhause. Doch ich wollte noch mehr! Ich habe nach weiteren Möglichkeiten gesucht, in die ich meine Einnahmen reinvestieren konnte. Zuerst habe ich zusätzlich mit Amazon KDP (Kindle Direct Publishing) und FBA (Fulfillment by Amazon; deutsch: Versand durch Amazon) Geld verdient, dann mein Geld auch in Aktien und ETFs (Exchange Traded Funds; deutsch: börsengehandelte Indexfonds) angelegt, meine erste Immobilie gekauft und gewinnbringend saniert. All das war nur möglich, weil ich meine durch passives Einkommen generierten Einkünfte immer wieder reinvestiert habe. Ich habe klein angefangen, alles auf eine Karte gesetzt. Durch das Studio und die ersten Shop-Produkte in weitere Produkte und Markenaufbau investiert. Mich für Amazon, Aktien und ETFs begeistert und schließlich genug Geld gespart, um mir eine Altbauwohnung im Prenzlauer Berg zu kaufen, die sanierungsbedürftig war.

Genau das habe ich mir gewünscht und es geschafft. Das alles in drei Jahren. Damit habe ich im Schnelldurchlauf bereits meine erste Passive Money-Quelle vorgestellt. Einen Offline-Space, den du nicht operativ, sondern nur strategisch führst, aber von jedem Umsatz profitierst. Diesen Ansatz finde ich nach wie vor gut, werde ihn aber im Buch nicht weiter behandeln, da ich mich auf die Methoden mit minimaler aktiver Arbeitszeit und minimalem Zwang zur Erreichbarkeit beschränken möchte.

Ich bin und bleibe neugierig auf weitere Passive Money-Quellen, die sich mir noch eröffnen. Denn wenn du einmal damit startest, möchtest du nicht mehr zurück. Mein Auge ist deshalb offen für Marktlücken, optimierungsfähige Produkte, Trends und neue Möglichkeiten.

DER WEG ZUR FINANZIELLEN FREIHEIT

Hast du nicht auch schon mal vom schnellen Geld geträumt und dir ausgemalt, wie du sorglos an den schönsten Orten der Welt lebst, ohne Druck und vollen Terminkalender? Und genauso viele Male hast du deine Tagträume wahrscheinlich damit abgetan, dass dies unmöglich oder nur anderen Menschen in diesem Leben vorbehalten ist. Was auch immer deine Vorstellung von einem erfüllten Leben sein mag, ich möchte dich dazu einladen, all deine bisherigen Glaubenssätze und negativen Bewertungen scheinbar nicht realisierbarer Träume hinter dir zu lassen. Gib deiner Vision von einem erfüllten Leben mit deinem durch dieses Buch neu gewonnenen Wissen eine Chance, Realität zu werden. Richte dein Unterbewusstsein auf Fülle aus, stecke dir finanzielle Ziele und baue dir Expertise zu Finanzen und verschiedenen Passive Money-Quellen auf. Du solltest selbst ExpertIn werden, um eigenständig Entscheidungen treffen und potenzielle Einnahmequellen verifizieren zu können. Das Passive Money-Prinzip soll für dich eine Art Nachschlagewerk sein, in dem du alle Informationen findest, die du brauchst. Nach der Lektüre des Buches solltest du sofort loslegen können, ohne zusätzlich googeln oder weitere Bücher hinzuziehen zu müssen. Trotzdem sind natürlich andere Quellen immer wertvoll, um tiefer in die einzelnen Themenfelder einzusteigen. Kontinuierliches Lernen und Dranbleiben sind nötig, um auf dem weiteren Weg up to date zu bleiben und keine falschen Abzweigungen zu nehmen. Der Weg darf dabei leicht sein und Spaß machen!

Egal in welchem sozialen Umfeld du aufgewachsen bist, welche Schulausbildung du absolviert hast, wo du lebst und welche blockierenden Glaubenssätze noch immer in dir schlummern: Das Einzige, was wirklich zählt, ist, was du heute daraus machst. Ich glaube nicht an Zufälle. Es hat einen Grund, dass du das Buch gekauft hast, es als Hörbuch hörst, es geschenkt bekommen hast oder es auf andere Weise in deine Hände gekommen ist. Du kannst das Buch wieder zuklappen und es als Unsinn abtun oder aber die Möglichkeit nutzen, herauszufinden, wie auch du passives Vermögen aufbauen kannst. Es ist Zeit, dass du anfängst, deine finanzielle Unabhängigkeit zu deiner ersten Priorität zu machen. Dich unabhängig zu machen von Limitierungen, die du dir selbst gesetzt hast oder die durch dein Umfeld in deiner frühkindlichen Prägung kreiert wurden. Du hast es vielleicht nicht mal bemerkt.

ERSTER SCHRITT: ERKENNEN

Eine meiner Hauptintentionen, warum mir passives Einkommen zu einem Herzensprojekt geworden ist und ich über meine diesbezüglichen Strategien spreche, ist es, mir, aber auch dir kostbare Lebenszeit zu sparen. Mir ist bewusst, dass es unabhängig vom jeweiligen persönlichen Reichtum etwas gibt, das wir uns im Leben mit keinem Geld der Welt kaufen können – und das ist unsere Lebenszeit. Lasst uns dieses kostbare Gut Zeit gewinnbringend einsetzen, und nimm dir die Flexibilität und Entscheidungsfreiheit zurück. Nutze deine Zeit für das, womit du sie wirklich verbringen möchtest. Denn ich bin sicher, auch du hast Hobbys, Interessen und Träume, die du schon viel zu lange vernachlässigt hast.

Dein Traum von einem erfüllten Leben – wie auch immer du es für dich definieren magst –, darf und muss ernst genommen werden. Durch das ganze Leben zu hustlen, um den Lebensabend dann mit Reisen zu verbringen, von denen du die letzten 45 Jahre geträumt hast, ist keine Option. Vielleicht bist du dann nicht mehr fit genug, oder das Leben ist unerwartet früher vorbei als erhofft. Was auch immer auf deiner Bucketlist stehen, deine Vision von einem glücklichen Alltag sein mag: Erkenne, dass du nur dieses eine Leben hast, um dir ein Leben in Fülle zu ermöglichen. Warte nicht darauf, dass es dir jemand anderes ermöglicht. Du bist der Schlüssel. Erlaube dir, dass du es verdient hast. Ohne vorher 45 Jahre lang einen Job auszuüben, der dich nicht glücklich macht. Ohne unbezahlte Überstunden oder Praktika zu leisten. Ohne die Laune deines Chefs zu ertragen und aus Angst vor einer Kündigung nichts zu sagen. Der Gedanke, dass wir erst »leiden« müssen, um uns etwas zu verdienen, ist der erste uns blockierende Glaubenssatz, den wir hiermit über Bord werfen.

Sag es laut und klebe dir einen Post-it an deinen Badezimmerspiegel: *Ich habe mir ein Leben in Fülle und Leichtigkeit, ohne mich beweisen zu müssen, ab sofort verdient.*

ZWEITER SCHRITT: MACHEN

In meinem 21-tägigen Podcast-Kurs *Rest & Receive* gibt es eine Folge, die heißt »Machen«. Jede Folge in dem Kurs ist unterschiedlich lang, je nachdem, wie viel Input ich zu den einzelnen Themen zu teilen habe. Die Folge »Machen« dauert weniger als eine Minute. Ich habe dazu nicht mehr zu sagen, als dass du jetzt sofort loslegen solltest. Deinen inneren Schweinehund überwinden und anfangen. Ich könnte dich ausschweifend davon zu überzeugen versuchen, warum du jetzt starten solltest, und dich motivieren, dass es sich lohnt, diesen Schritt zu gehen. Aber das weißt du bereits alles selbst. Niemand wird dir diesen Sprung ins kalte Wasser abnehmen. Beginne sofort damit, dein Passive Money-Fundament aufzubauen.

Alles, was du dafür brauchst, ist dein Mindset, kombiniert mit Wissen und Praxis. Du musst es selbst verstehen, ExpertIn werden. Eigenverantwortlich handeln und vielleicht sogar Vorbild für viele um dich herum sein, die du wiederum damit inspirieren kannst.

Moderne passive Einnahmequellen werden wir wohl auch in den nächsten Jahren in keiner Schule, in keiner Ausbildung und in keinem Studiengang dieser Welt kennenlernen. Ich nehme also dich selbst in die Verantwortung als erwachsene Person, die es zu ihrer Priorität macht, auf eigenen Füßen zu stehen und sich selbst finanzielle Stabilität und Sicherheit zu schenken. Natürlich kannst du das Projekt wieder um eine Woche, einen Monat und ein Jahr verschieben, aber sei dir bewusst, dass jeder Cent, den du heute nicht gewinnbringend investierst, aufgrund der Inflation schon am nächsten Tag an Wert verloren hat. Es geht nicht so sehr darum, Geld zu vermehren, sondern primär darum, den Wert deines Geldes zu erhalten. Du würdest ja auch sonst Geld nicht einfach ins Meer werfen und akzeptieren, dass das eben so ist. Aber das ist die Realität: Mit jedem Tag, an dem du dein Geld nicht schlau nutzt, verschleuderst du freiwillig Geld, das du nie wiedersehen wirst.

> Hinter dem Begriff Inflation steckt die Geldentwertung aufgrund eines Anstiegs des Preisniveaus in einer Marktwirtschaft. Das bedeutet, dass nicht nur einzelne Produkte teurer werden, sondern eine allgemeine Preiserhöhung im ganzen Land stattfindet. Das Leben wird generell teurer, und man kann sich mit der gleichen Summe Geld weniger leisten als zuvor.
>
> Die Inflationsrate ist der prozentuale Anstieg, der sich aus dem Preis eines vom Statistischen Bundesamt definierten Produktwarenkorbs (Verbraucherindex) im Verhältnis zu einem Vergleichsjahr (meist ist es das Vorjahr) ergibt. In dem Warenkorb sind Waren und Dienstleistungen enthalten, die ein privater

> Haushalt im Durchschnitt in einem Jahr konsumiert, wie Lebensmittel, Bekleidung, Öl und Benzin, aber auch Miet-, Heiz- und Stromkosten.

Mein dringender Aufruf an dich lautet also: Übernimm ab sofort Verantwortung für dich, dein Geld und die finanzielle Situation in deinem Leben. Unabhängig davon, ob du Geld geerbt hast, deinen Job liebst oder hasst, ob du in einer Partnerschaft lebst oder Single bist. Mach dich frei von Sicherheiten, die du vermeintlich gerade hast. Das Leben kann sich so schnell ändern. Beziehungen können auseinandergehen, finanzielle Absicherungen verpuffen und Versprechen gebrochen werden.

Sorge für dich, weil du es willst, und nicht, weil du musst.

GANZHEITLICHES DENKEN

Damit du den Durchbruch schaffst und deine bisherigen finanziellen Grenzen sprengst und dabei gleichzeitig langfristig finanziell unabhängig bleibst, gilt es, alles rund um Passive Money ganzheitlich zu betrachten. Nicht allein Wissen und How-tos generieren dir von heute auf morgen Umsätze. Damit du wirklich erfolgreich wirst, musst du dir erlauben, neue Möglichkeiten zu durchdenken, aufmerksam dein eigenes Konsumverhalten beobachten und das bisherige Angebot durchleuchten. Aber auch Best-, Realistic- und Worst-Case-Szenarien durchkalkulieren. Wir müssen der Realität ins Auge blicken: Das tatsächliche Kaufverhalten und die Marktentwicklung hast du nicht in der Hand. Egal für welche Passive Money-Quelle du dich entscheidest: Es gibt so viele äußere Einflussfaktoren, die du nicht kontrollieren kannst. Politische Konflikte, Wirtschaftskrisen, Pandemien, Trends, Konkurrenzprodukte …

Es reicht nicht, nur Finanzbegriffe zu kennen und Methoden zu verstehen. Mindestens genauso wichtig sind gesellschaftspolitische Geschehnisse.

Mit dem Reality-Check möchte ich dich nicht demotivieren, ganz im Gegenteil. Es lohnt sich, dein Passive Money-Fundament mit Struktur zu errichten. Denn was du am Ende bekommst, ist nicht nur Geld, sondern auch Lebenszeit. Zeit ist für mich das wertvollste Gut überhaupt, das dir niemand zurückgeben kann. Wenn du am Ende deines Lebens zurückblickst, möchtest du wahrscheinlich nicht bereuen, deine Lebenszeit in einem Brotjob vergeudet zu haben, der dich nicht erfüllt. Überstunden gemacht zu haben, wenn du eigentlich dein Kind hättest ins Bett bringen können. Einen Urlaub nicht gebucht zu haben, weil es gerade finanziell nicht drin war, du aber dringend Energie hättest tanken müssen, um weiter in deinem Hamsterrad zu funktionieren. Dein Leben ist für so viel mehr gemacht. Du solltest nicht fünf Tage arbeiten, um zwei Tage zu genießen. Stell dir lieber umgekehrt vor, dass du zwei Tage arbeitest und dafür fünf Tage dein Leben in Fülle genießt.

In diesem Buch werde ich dir Passive Money-Methoden vorstellen, bei denen du dich fragst: »Warum macht das nicht jeder, wenn das so einfach ist?« Nun, es geht nicht darum, das Rad neu zu erfinden, jedoch musst du in der Praxis deinen Platz finden. Fühle dich in die Person ein, die genau auf dein Produkt gewartet hat. Welche Bedürfnisse hat sie, und wie kannst du diese befriedigen? Sprich mit Menschen und tausche dich über deine Ideen aus. Ich kreiere am liebsten Produkte, die mir selbst auf dem Markt fehlen. Ich spreche mit Menschen, die auch potenzielle KundInnen sein können, und hole mir von ihnen konstruktives Feedback ein. Es bringt dir nichts, dich mit Menschen auszutauschen, die nicht die Zielgruppe sind.

Bevor du loslegst und durchstartest, kalkuliere deine Idee durch. (Verantwortung übernehmen!) Aber lass dich am Ende auch nicht zu sehr von der Angst abhalten, ins kalte Wasser zu springen. Du musst selbst springen, sonst bleibst du genau da stehen, wo du gerade bist.

DAS FUNDAMENT

In meinen Coachings spreche ich immer vom Passive Money-Fundament. Ich habe es auch schon auf den vorherigen Seiten eingebaut, weil es für mich keinen treffenderen Begriff gibt. Stell dir vor, dass du dir aus deinen passiven Einnahmen dein Traumhaus baust. Jede Etage steht für eine andere Passive Money-Quelle. Möglicherweise entstehen Etagen parallel, manche davon sind erst durch Reinvests einer schon vorher etablierten Einnahmequelle möglich, weil vorher gar nicht genug Kapital zur Verfügung wäre. Das können kurzfristige Einnahmequellen sein, wie zum Beispiel Amazon KDP, die du wiederum in eine langfristige Anlage steckst, wie Aktien oder ETFs. Es können unendlich viele Etagen erbaut werden. Je Einnahmequelle, also je Etage, kann es natürlich auch mehrere Räume geben. Zum Beispiel entspricht eine Etage der Passive Money-Quelle Aktien und ETFs. Die einzelnen Räume sind die unterschiedlichen Wertpapiere, in die du investierst. Damit dein Haus stabil und konstant steht, musst du dir ein Fundament bauen, das fest verankert ist.

Doch was brauchst du, damit dein Fundament steht und du darauf aufbauen kannst? Zunächst einmal solltest du dir Gedanken machen, wie viel Zeit du gerade hast, um dir passive Einnahmequellen aufzubauen. Sei hier bitte realistisch und vergiss nicht, dass dich neben Arbeit/Studium/Ausbildung/Schule auch noch andere Bereiche deines Lebens zeitlich beanspruchen (Haushalt, Familie und Freunde, Care-Arbeit, Hobbys etc.). Plane hier lieber etwas zu pessimistisch, und wenn du es am Ende doch schaffst, ein paar Stunden mehr freizuschaufeln, umso besser. Andernfalls würdest du schon nach der ersten Woche frustriert sein und das solltest du vermeiden.

Mindestens genauso wichtig: Wie viel Geld kannst beziehungsweise möchtest du in passive Einnahmequellen stecken? (Spoiler: Es gibt auch eine Einnahmemöglichkeit mit 0 € Startkapital.) Unterscheide hier auch in Einmal-Invests und regelmäßige monatliche Investments. Ich empfehle dir, mit einem Startkapital zu starten, das dir nicht wehtut, wenn es von deinem Konto abgeht. Auch hier ist meine Empfehlung, dass du dein Invest unterbewusst nicht mit Verzicht oder Verlust assoziierst. Knüpfe positive Verbindungen mit deinem neuen Projekt, um mit Freude und Motivation dein Fundament zu bauen. Die Summe wird dir einfacher fallen zu benennen, wenn du die einzelnen Passive Money-Quellen näher kennengelernt hast.

Zum Fundament gehört auch der rechtliche und strukturelle Part. Weitere relevante Strukturen für dein Fundament zeige ich dir in den Kapiteln zu den einzelnen Einnahmequellen auf. Bitte starte erst wirklich durch, wenn du alles andere davor erledigt hast, sodass du steuerrechtlich nachträglich keinen Ärger bekommst. Solltest du steuerliche oder rechtliche Fragen haben, ist es immer hilfreich, die Unterstützung eines Anwalts oder Steuerberaters in Anspruch zu nehmen. Natürlich investierst du Geld in diese Beratung, aber wenn du dich gut vorbereitest und dir deine Fragen vorab schon detailliert aufschreibst, bist du in einer Stunde fertig. Das ist schlau investiertes Geld, das du mit deiner Steuererklärung absetzen kannst. (Ja, wir machen ab jetzt eine Steuererklärung oder lassen sie machen.) Auch musst du einem Steuerberater nicht sofort dein Mandat geben, sondern kannst nur eine Beratung in Anspruch nehmen. (Obwohl ich ein großer Fan davon bin, einen Steuerberater zu haben, da diese Experten sind und du am Ende im besten Fall trotz Invest noch mit einem Plus rausgehst, weil sie einfach für deinen Case genau wissen, was du alles absetzen kannst.)

Warum musst du eine Steuererklärung machen? Egal ob du fest angestellt bist und nebenbei Umsätze generierst oder komplett dein eigenes Business aufbaust, die Steuererklärung ist ein wichtiges Tool. Du legst dem Finanzamt damit deine Einkommensverhältnisse dar, und sie dient als Grundlage für Steuerzahlungen und Rückzahlungen. Du hast im Rahmen deiner Passive Money-Vorhaben neben den Einnahmen aber auch Ausgaben (Shop-Gebühren, Wareneinkauf, Telefon, eventuell technische Geräte, Beratung, Auto etc.), die du anteilig oder pauschal absetzen kannst. Ab jetzt heißt es also Belege sammeln und digital verwalten. Datev oder Lexoffice sind digitale Anbieter, die ich gut finde. Sie sind kinderleicht zu bedienen, und du kannst vom Desktop, aber auch mit dem Handy deine Belege hochladen oder fotografieren. Du möchtest ja selbst wissen, was der Status quo deiner Finanzen ist. Deswegen ist diese Arbeit auch für dich selbst wichtig. Ich empfehle dir, dich zu Beginn mit einem Experten zusammenzusetzen und zu besprechen, was du alles für Belege sammeln solltest, die du geltend machen kannst. So bereitest du alles für eine ordentliche Buchführung vor.

Einmal im Monat verabredest du dich mit dir selbst zu einem Jour fixe, sortierst deine Belege digital (am besten in einer Cloud) und heftest die Originalbelege, die du ausgedruckt hast, in einen Ordner ein. Grundsätzlich solltest du Belege für den Fall einer Steuerprüfung zehn Jahre lang aufheben. Dein Finanzamt wird dir mitteilen, in welchem Turnus du eine Umsatzsteuervoranmeldung machen musst. Die kannst du auch online über das Steuerprogramm *Elster* erledigen. Am Ende des Jahres muss die Steuererklärung abgegeben werden. Wenn dich der Steuer-Wirrwarr verrückt macht, dann gib deine Unterlagen einem Steuerberater. Wenn du alle Unterlagen bereits digital eingepflegt hast und deine Buchführung ordnungsgemäß ist, dann sind die Kosten überschaubar. Die Steuererklärung ist dein Freund. Deine Umsätze abzüglich der

Ausgaben ergeben das zu versteuernde Einkommen. Reichst du keine Ausgaben ein, kannst du sie nicht geltend machen, und dein Steuersatz fällt auf einen Betrag an, der nicht deinem tatsächlichen Gewinn entspricht.

> Umsatz – Ausgaben = zu versteuerndes Einkommen

Neben der klaren strukturellen Ausrichtung gehört zu einem Fundament auch das Optimieren von Wenn-dann-Szenarien. Welche Abläufe, Probleme und Fragen werden immer wieder bei deiner Passive Money-Quelle auftauchen? Wie kannst du pauschale Lösungen vorgeben und Anfragen vorwegnehmen? Zum Beispiel habe ich in meinem Yogastudio dafür gesorgt, dass alle Fragen rund um die Themen Check-in, Ausstattung des Studios, Kursbeschreibung oder Preise für die SchülerInnen maximal sichtbar beantwortet sind. Auf meiner Firmen-Website waren alle diese Infos bereits auf der Startseite aufgelistet, bei Social Media gab es Story-Highlights, die schnell gefunden werden konnten, und selbst im Studio hingen die Antworten zu diesen Fragen gerahmt in Plakaten an der Wand. Zwar habe ich dann immer noch Fragen per E-Mail oder Instagram bekommen, aber ich konnte ihre Zahl zumindest reduzieren.

KundInnen sind oft bequem und pragmatisch (mich eingeschlossen). Mach es ihnen und dir deshalb so leicht wie möglich. Manche Fragen und Stolpersteine wirst du auf dem Weg erkennen. Du musst loslegen, um zu merken, was es noch zu optimieren gilt. Viele Eventualitäten kannst du aber schon vorab durchdenken und lösen. Sobald du im Laufe der Lektüre dieses Buches deine Passive Money-Ideen entwickelst und damit womöglich auch Fragen und Probleme auftauchen, schreibe dir diese auf. Im besten Fall auch schon passende Lösungen, die dir Arbeit und Zeit ersparen und gleichzeitig deinen KundInnen eine schnelle Lösung bieten, damit sie happy Customers werden und bleiben.

DEIN MONEY-MINDSET

Erfolgreiche Menschen haben alle eines gemeinsam: Sie haben ein Gewinner-Mindset, glauben an ihre Vision und lassen sich von Herausforderungen auf ihrem Weg nicht aufhalten. Beruflicher Erfolg ist kein Zufall. Zahlreiche Studien bestätigen die positive Korrelation zwischen der Macht unserer Gedanken und der daraus resultierenden Realität. Der sogenannte Placebo-Effekt ist ursprünglich bekannt aus der Medizin. Alleine die Überzeugung, dass eine Pille uns wieder gesund machen wird, bewirkt eine Verbesserung unseres Gesundheitszustandes. Dabei ist ein Placebo-Präparat oft nichts anderes als Traubenzucker, den der Patient oder die Patientin anstatt einer wirkstoffhaltigen Medikation erhält.

Dieser Effekt lässt sich im Business-Kontext genauso anwenden. Deine Zukunft auf den Vorstellungen von Erfolg, Wachstum und dem Erreichen von bisher vermeintlich unvorstellbaren Zielen zu planen, verleiht dir eine unsichtbare Kraft, deine Vision nicht aus den Augen zu verlieren. Neue Herausforderungen lassen dich dann nicht gleich aufgeben und dich auch unsichere Zeiten durchstehen.

Hast du aber auch schon mal vom Marshmallow-Effekt gehört? Dahinter verbirgt sich die Stärke unserer Willenskraft und wie sie unsere Persönlichkeit prägt. (Dazu gibt es das gleichnamige Buch von Walter Mischel, sehr empfehlenswert!) Bei einem Experiment wurden Kinder vor die Wahl gestellt, ob sie entweder jetzt einen Marshmallow essen oder aber der Versuchung standhalten und als Belohnung später zwei Marshmallows bekommen. Übertragen auf unser Thema, geht es um das Durchhaltevermögen, zunächst einmal das Passive Money-Fundament aufzubauen, Geld einzusetzen und dabei gleichzeitig das Vertrauen zu haben, dass sich der Einsatz für dich auszahlt.

Beim Marshmallow-Experiment haben die Kinder verschiedene Strategien entwickelt, sich von der Versuchung abzulenken, indem sie anfingen, zu singen oder mit dem Stuhl zu kippeln. Eine sehr erfolgreiche Methode ist auch das Erstellen von Wenn-dann-Plänen. So widerstehst du einem kurzzeitigen Glücksgefühl durch einen (unnötigen) Kauf zugunsten eines langfristigen größeren Cashflows durch kluges Investment deines Geldes.

DAS UNTERBEWUSSTSEIN, DEIN WICHTIGSTER MUSKEL

Wenn ich eines in den letzten Jahren gelernt habe, dann war es der Umstand, dass mein Unterbewusstsein und meine Überzeugungen im Hinblick auf Wohlstand und Geld entscheidend dafür waren, ob und wie viel Geld in mein Leben kam oder nicht. Dein Unterbewusstsein kann man dabei mit deinen Muskeln vergleichen, die es kontinuierlich zu trainieren gilt, damit sie ihre Kraft nicht verlieren. Dabei handelt es sich um tiefe Überzeugungen zum Thema Geld, die durch dein engstes Umfeld (Bezugspersonen wie Eltern, Oma und Opa und andere Erziehungspersonen) und Erfahrungen bereits in deiner frühen Kindheit geprägt wurden. Stell dir vor, dass ein Samen bereits in Kindestagen gesät wurde. Dieser Nährboden wird immer wieder durch vorgelebte Verhaltensmuster und Botschaften gewässert, sodass daraus eine fest verwurzelte Pflanze herangewachsen ist. Aber kein schöner Baum, sondern richtig fieses Unkraut, das dir den Weg zu finanziellem Erfolg blockiert. In Bezug auf Geld sind das oft vermeintliche Wahrheiten wie »Wer reich sein will, muss hart arbeiten« oder »Ich habe es nicht verdient, finanziell frei zu sein«. Dein Ursprung ist der erste Faktor, der dein Money-Mindset stark beeinflusst. Mindestens genauso wichtig sind die Einflüsse, die dich aktuell umgeben und deine Überzeugungen von morgen formen. Welche Vorbilder hast du im Hinblick auf das Thema Geld? Vielleicht eine bekannte Persönlichkeit oder jemanden, den oder die du wirklich kennst? Wer auch immer es sein mag: Was genau bewunderst du im Umgang mit Geld bei dieser Person?

Schaffe dir einen Moment der Ruhe, um deinen Status quo aufzuschreiben. Ich empfehle dir, ganz intuitiv drauflos zu schreiben, was dir zu den Punkten einfällt. Das sind die ehrlichsten Worte und dabei können unbewusste Blockaden schnell ans Tageslicht kommen.

Mein Ursprung und meine frühkindliche Prägung im Hinblick auf Geld:

Meine Vorbilder im Umgang mit Geld und Finanzen. Was bewundere ich an diesen Personen?

Um etwas zu verändern, ist es wichtig, dass du dir bewusst wirst, woher blockierende Überzeugungen herrühren, aber auch, wohin du stattdessen möchtest. Um etwas Neues zu etablieren, müssen wir uns konkrete Ziele setzen und wissen, wie es sich anfühlen mag. In deinem Unterbewusstsein sind viele falsche Denkmuster und Glaubenssätze gespeichert, die es aktiv zu reprogrammieren gilt. Nutze die nächste Seite für eine weitere Übung. Schreibe deine alten Glaubenssätze zu Geld auf, die dich davon abhalten, ein Leben in Fülle zu leben, und die du loswerden möchtest. Als ich diese Übung das erste Mal gemacht habe, konnte ich sogar die Stimme meiner Eltern hören, so tief eingebrannt waren meine blockierenden Glaubenssätze. In der mittleren Spalte der folgenden Tabelle schreibst du deine neuen Glaubenssätze auf.

Wichtig: Hierbei gibt es keine allgemeine Antwort darauf, in welcher Hinsicht der Glaubenssatz »richtig« ist. Nicht immer ist das Gegenteil automatisch passend. Vielmehr muss der neue Glaubenssatz mit dir resonieren. In meinem Coaching hatte ich einmal eine Teilnehmerin, die ihren neuen Glaubenssatz so umformulierte, dass er sie noch mehr blockiert hat. Ihr neuer Glaubenssatz lautete in etwa: »Um erfolgreich zu sein, muss ich das Energielevel wie Laura haben.« Dabei sind wir einfach andere Energietypen, und das ist gut so! Sie hat mir den Satz vorgelesen, dabei sah ich, wie ihre Schultern nach unten gesackt sind. Dass ihr Energielevel entscheidend ist für ihren Erfolg, ist Quatsch. Am Ende unseres Gesprächs konnten wir einen Satz finden, der wunderbar zu ihren Werten und ihrer Persönlichkeit passt: »Ich plane weniger Stunden pro Woche für mein Fundament ein, dafür nutze ich die Zeit effektiv. Wenn ich nicht bei der Sache bin, dann nehme ich mir lieber ein anderes Mal wieder Zeit dafür. Ich setze meine Energie bewusst ein, dass sie mir Nutzen bringt.«

In die rechte Spalte trägst du ein, wie sich der neue Glaubenssatz für dich anfühlt. Ich erkläre dir später, wie du das Gefühl als deinen Anker nutzen und immer wieder aktivieren kannst. Durch das Etablieren deines neuen Glaubenssatzes richtest du dein Unterbewusstsein bereits auf deine neue Realität aus.

Hat Geld vorher in dir ein Gefühl von Angst und ein Ziehen im Magen verursacht, so darf es sich jetzt zum Beispiel leicht, sicher und beflügelnd anfühlen.

Alte Glaubenssätze	Neue Glaubenssätze	Wie fühlt es sich an?
Wer reich sein will, muss hart arbeiten.	Geld verdienen darf leicht sein und Spaß machen.	Leicht, sicher, unaufgeregt, erfüllend.

Dein Money-Mindset

Alte Glaubenssätze	Neue Glaubenssätze	Wie fühlt es sich an?

Beobachte ab sofort auch deinen Umgang mit Geld. Sei hier wirklich ehrlich mit dir selbst. Ich empfehle dir auch, für eine Zeit lang deine Einnahmen und Ausgaben zu tracken. Dafür gibt es sogar kostenfreie Apps, mit denen du ein bis drei Monate deine Ein- und Ausgaben einpflegen kannst und so eine Übersicht bekommst, wofür du dein Geld eigentlich ausgibst. Sei hier konsequent im Tracking und trage wirklich jede einzelne Einnahme und Ausgabe ein. Zwar mag der morgendliche Coffee to go nur 3 € kosten, aber wenn du ihn jeden Tag holst, kommen doch immerhin 90 € im Monat zusammen. Achte auch darauf, wie du dich beim Ausgeben von Geld fühlst. Fällt es dir leichter, die Karte zu zücken? Bei welchen Ausgaben wägst du ab, bei welchen ist der Preis nicht so wichtig? Gibt es Einnahmen, die zwar regelmäßig fließen, aber nicht in einem angemessenen Verhältnis zu deinem Arbeitseinsatz stehen oder dazu, was es dich an Energie kostet? Fühle dich ein in deinen Geldumlauf und achte darauf, was das mit dir macht. Würdest du dich als großzügig bezeichnen oder als eher knauserig? Hast du schnell Angst, dass dir jemand etwas wegnimmt oder Geld dir aus den Händen gleitet?

Dein Money-Mindset

Mein Umgang mit Geld:

WÜNSCHE UND SEHNSÜCHTE

Gleich zu Beginn des Buches habe ich dich ermutigt, all deine blockierenden Muster à la »Das kann ich mir sowieso niemals leisten« abzulegen. Natürlich kannst du auch weiterhin in diesem Setting bleiben, aber was hast du zu verlieren? Höchstens, dass du am Ende zu der gleichen Erkenntnis wie schon bisher kommst. Okay, aber dann hast du nichts verloren. Also gib deinen Träumen doch wenigstens eine realistische Chance.

In der ersten Session meiner Eins-zu-eins-Coachings (die sich über sechs Monate erstrecken) frage ich meine Coachees, was denn ihr Ziel in unserem Coaching ist. Ganz oft schaue ich dann in ratlose Gesichter. Der Wunsch, passiv Geld zu verdienen, ist zwar da, aber wo will ich eigentlich hin? Reich werden. Aber was bedeutet »reich« eigentlich? Für den einen ist es, sich die 1000 € Miete der Altbauwohnung leisten zu können, die andere träumt von einer Villa am Meer mit Infinity-Pool. Die Übernächste sehnt sich nach mehr Freizeit und weniger Verpflichtungen und sieht darin einen nicht in Geld zu messenden Reichtum. Sei also konkret bei deinen Wünschen, sonst wirst du enttäuscht. Du kannst keiner Vision folgen, wenn du sie nicht genau definierst. Ganz unabhängig davon, für welche passive(n) Einnahmequelle(n) du dich entscheidest. Bestimme deine finanziellen Ziele konkret. Diese Ziele darfst du jederzeit (nach oben) korrigieren. Wenn ich zurückblicke, dann waren meine ersten Ziele für mich gefühlt unerreichbar. Ein Jahr später habe ich sie nach oben korrigiert, und das immer wieder. Du wirst selbstbewusster in dem, was möglich ist, wenn du das erste Mal Ziele erreicht hast, von denen du mal dachtest, dass sie niemals deine Realität werden würden. Die Zahlen und Wünsche, die du auf den nächsten Seiten definierst, darfst du am Ende alle auf einem Vision-Board zusammentragen. Zücke also deinen Stift und bestimme deine Ziele.

1. Wie viel Geld möchte ich im Jahr netto verdienen (nachdem mein Fundament steht)?

_____ €

2. Wie viele Stunden möchte ich aktiv in der Woche arbeiten und an wie vielen Tagen?
(Nicht vergessen: Dazu zählen auch Verwaltung und Organisation, Steuern …)

_____ Stunden & _____ Tage

An welchen Wochentagen?

_____

3. Wie viele Stunden möchte ich in der Woche erreichbar sein müssen und an wie vielen Tagen?

_____ Stunden & _____ Tage

An welchen Wochentagen?

_____

Ich empfehle dir, deine Antworten ganz intuitiv zu wählen. Du hast gerade die Chance, deinen Selbstwert frei zu bestimmen. Bist du es dir selbst wert, auch freie Zeit für deine Familie, deine Freunde und andere Interessen zu haben? Bist du es dir selbst wert, für deine Leistung, dein Talent und deine Expertise bezahlt zu werden? YES! Hör auf, dich kleinzumachen und zu glauben, dass du es jemandem beweisen musst. Wenn du deinen Wert nicht selbst bestimmst, wird es jemand anders für dich tun.

Für dein Vision-Board fehlen jetzt noch ganz konkrete Vorstellungen, wie sich Arbeit für dich anfühlen soll. Ich arbeite immer ganz viel mit Emotionen, denn unsere Gefühle ermöglichen uns, Motivation, Antrieb, Wohlbefinden und Durchhaltevermögen zu aktivieren. Wenn wir das Gefühl haben, wie sich Arbeit wirklich für uns anfühlen sollte, kommen wir in den sogenannten Flow. Wir begeben uns mit unseren Sinnen bereits in unseren Wunschzustand, der uns Antrieb und Motivation verleiht. In diesem Modus sind wir am produktivsten, gleichzeitig kommen wir mit besonderer Leichtigkeit schneller ans Ziel. Du kannst dir deine Gefühle wie in der Tabelle zu deinen Glaubenssätzen aufschreiben.

Gleichzeitig arbeite ich auch immer gerne mit Bildern. Erstelle dir ein Pinterest-Board (kostenlos!) und speichere Bilder ab, die genau deine Vision widerspiegeln. Lass dich inspirieren und beobachte, was die Fotos für Gefühle in dir wecken. Es können auch kleine Details auf den Fotos sein, die etwas bei dir aktivieren. Das Vision-Board mit den Bildern und die oben unter den Punkten 1., 2. und 3. eingetragenen Zahlen fügst du zu einer Collage zusammen und lässt sie ausdrucken. Dann hängst du sie an einen Ort, an dem du sie regelmäßig siehst. Bei mir ist es die Innenseite meines Kleiderschrankes. Nicht jeder Besuch muss einen Blick auf mein Vision-Board bekommen. So siehst du jeden Tag dein Vision-Board und ganz nebenbei nimmt dein Unterbewusstsein deine neue Realität immer wieder wahr und speichert sie ab. Es wird zu einem Fokus, der sich eingebrannt hat und dich bei all deinen Entscheidungen beeinflusst und begleitet.

Wie soll sich Arbeit für mich anfühlen?

Wünsche und Sehnsüchte

Weitere Wünsche und Sehnsüchte in Bezug auf Geld und Zukunft:

Lass uns Geld nochmals ganz anders betrachten. In unserer Welt funktioniert Geld als eher abstraktes Tauschobjekt, das einen Wert darstellt. Diesen Wert können wir tauschen in Waren oder Dienstleistungen. Ob ein Tauschgeschäft zustande kommt, hängt davon ab, ob du dem Gegenwert in Form eines Geldbetrags zustimmst. Natürlich gibt es auch Fixkosten, die wir nicht beeinflussen können, wie Steuern, die wir zu bezahlen haben, oder GEZ-Gebühren. Aber bei den meisten Dingen kannst du frei entscheiden, ob du den Deal eingehst. Der Wert deiner Zeit, Arbeit oder Leistung ist der, den du ihm in Gestalt eines bestimmten Geldbetrags gibst. Anders gesagt: Werde dir bewusst, welchen Wert etwas in Relation zu deiner Lebenszeit hat. Übernimm die Verantwortung, welchen Geldwert du als Gegenleistung akzeptierst. Wie bewertest du den Mehrwert, den du durch deine Leistung erzeugst? Lass diesen Gedanken mal in dir arbeiten und erkenne, wie kostbar deine Lebenszeit ist. Du musst nicht jedes Angebot annehmen. Du bist nicht in der Bringschuld. Der Austausch von Zeit und Geld sollte sich für dich gut anfühlen. Ansonsten kommst du in eine Negativspirale.

Negativspirale: Meinen Selbstwert nicht kennen

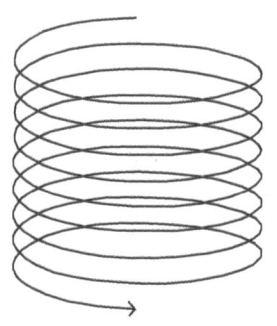

→ Einen Tausch von Zeit und Expertise gegen Geld annehmen, der sich nicht gut anfühlt.
→ Die Überzeugung »Ich bin es nicht wert« wird dadurch verstärkt.
→ Mein Selbstwertgefühl schrumpft noch weiter.
→ Die Negativspirale setzt sich fort.

GRENZEN

Groß zu träumen, erfordert auch, Grenzen aufzulösen. Geld ist nicht limitiert. Jedes Jahr steigt das Geldvermögen auf der Welt an. Laut der Europäischen Zentralbank gab es Ende des Jahres 2022 16,1 Billionen €. Die sogenannte Geldmenge M3 stieg damit um vier Prozentpunkte im Vergleich zum Vorjahr an. Laut der Deutschen Bundesbank sind davon etwa eineinhalb Billionen € als Bargeld im Umlauf. Der Betrag ist in den vergangenen Jahren kontinuierlich gestiegen. Seit Einführung des Euros im Jahr 2002 hat sich das Bargeld im Euro-Raum fast versiebenfacht. Triff jetzt die Entscheidung, dass du von dieser Entwicklung mitprofitieren möchtest. Dein Vermögen kann unendlich wachsen. Die einzige Limitierung ist gerade dein Unterbewusstsein, das dir vielleicht nicht erlaubt, diese Möglichkeit zu nutzen. Glaubenssätze wie zum Beispiel »Reich sein ist schlecht« oder »Geld verdirbt den Charakter«.

Schau nochmals auf deiner Liste zu den Glaubenssätzen nach, ob es bei dir solche alten Überzeugungen gibt, an denen es zu arbeiten gilt. Du kannst jederzeit Glaubenssätze auf deiner Liste ergänzen und umformulieren. Die Möglichkeiten von dir bisher unbekannten Geldquellen zu kennen nützt nichts, wenn du sie dir aus moralischen Gründen verbietest. Jeder hat sie verdient. Du, ich, deine Eltern, dein(e) PartnerIn, wirklich jeder. Aber auch jeder wird einen guten Grund finden, warum es genau auf sie oder ihn nicht zutrifft und das Glück einen Umweg macht. Es ist so viel einfacher, sich einzureden, warum etwas nicht funktioniert, als sich selbst ein Cheerleader zu sein und sich immer wieder anzufeuern. Ein neuer Glaubenssatz könnte sein: »Geld kommt auf unzähligen und mir unvorstellbaren Wegen zu mir.«

Man muss aber nicht nur bewusst Grenzen auflösen, sondern auch andere Grenzen bewusst setzen. Ich habe in meiner Selbstständigkeit sehr früh erkannt, dass die Wochenenden freie Tage für mich bleiben müssen. Das Nicht-erreichbar-sein-müssen war ein Gamechanger für mich. Als ich noch das Yogastudio hatte, habe ich ziemlich schnell eine Studiomanagerin eingestellt, welche die Kommunikation mit fast 50 LehrerInnen übernommen hat. So musste ich nicht kurzfristig am Sonntagmorgen Ersatz für erkrankte LehrerInnen finden oder technische Probleme im Online-Stream lösen. Jetzt, da ich Mutter bin, ist mir meine Abgrenzung zum Job noch wichtiger. Wo es auch nur möglich ist, versuche ich, fixe Termine zu vermeiden, reduziere Small Talk in Business-Calls, um schnell zu den wichtigen Dingen zu kommen, und outsource Aufgaben, die mir keine Freude machen, um mir im Gegenzug mehr Zeit mit meiner Tochter zu ermöglichen.

Mein Leitsatz ist, dass ich nur schöne Tage haben möchte. Dieses Jahr habe ich eine Anfrage für *The Life Barn Home* abgelehnt, weil das eine regelmäßige Präsenz von mir im Ausland erfordert und der Kunde sehr viel Aufmerksamkeit gebraucht hätte. Ich habe bemerkt, dass in ihm noch die Devise steckt: »Mehr Arbeit = besseres Ergebnis.« Bei meinen Consulting-Projekten handelt es sich um Pauschalvergütungen für eine konkret definierte Leistung. Ich arbeite gewissenhaft, on point und effizient. Mein Gegenüber hätte das womöglich aber als ungenügende Arbeit eingeordnet, weil mein Arbeitsstil für sein pauschales Denkmuster nicht zu einem exzellenten Ergebnis führen kann. Dieses Projekt hätte mir einen sechsstelligen Betrag eingebracht, aber mein Bauchgefühl hat früh angeklopft und mir zu verstehen gegeben, dass es Einschränkungen im Hinblick auf meine Wunschdefinition von Arbeit und «wie es sich anfühlen soll« verlangt hätte. Deshalb habe ich das Angebot ohne großes Bedauern abgelehnt.

Ich habe volles Vertrauen, dass die richtigen Passive Money-Quellen auf mich zukommen, wenn ich die Tür dazu freimache, mein Mindset auf Fülle und Erfolg ausgerichtet ist und ich genau weiß, was ich will und was nicht. Die Kontrolle zu bewahren und auch einmal nein zu sagen, braucht Mut, aber es zahlt sich aus. Denn jedes Nein ist ein Ja zu etwas, das wirklich zu dir passt, und einem aligned Business. Alles ist aufeinander abgestimmt und im Flow.

Setze von Anfang an ganz bewusst Grenzen, die zu deinem Vision-Board »Wie soll sich Arbeit anfühlen?« passen und deine beruflichen Ziele mit deinem Privatleben in Einklang bringen. Denn nur wenn du Energie auftanken und gedanklich loslassen kannst, wirst du langfristig erfolgreich UND glücklich sein. Anfangs wirst du dich dabei ertappen, dass deine alten Glaubenssätze wieder anklopfen: »Du musst aber …, sonst wirst du dein Ziel nicht erreichen.« Hinterfrage, ob das wirklich stimmt oder es nur deine bisherige Überzeugung ist. Nochmals: Kreiere dir ein Setting, dass sich Arbeit so anfühlt, wie du es dir immer gewünscht hast. Dann beobachte, was passiert. Meine Erfahrung zeigt, dass sich mit weniger Arbeit und weniger Erreichbarkeit mehr Erfolg und gleichzeitig größere Zufriedenheit einstellen. Dein Umfeld spürt deine Energie.

Lass mich den Begriff Energie erläutern. Du betrittst einen Raum, ein Geschäft oder ein öffentliches Verkehrsmittel. Du spürst Energie. Sind die Menschen gestresst und gereizt? Die Spannung liegt spürbar in der Luft. Genauso nimmst du auch wahr, wenn Leichtigkeit da ist, Gelassenheit, Offenheit oder Wärme. Welche Energie möchtest du ausstrahlen? Genauso ist es auch in deinem Business-Umfeld, und sei es auch nur indirekt durch dein Produkt oder deine Dienstleistung, die du kreierst.

Bist du needy und verkaufst dich zu jedem Preis, dann spüren KundInnen das und fühlen Mangel. Ein Gefühl, mit dem wir uns nicht umgeben möchten. Sie schrecken zurück, auch wenn es eine unbewusste Entscheidung ist. Egal wie gut dein Produkt sein mag, etwas hält sie ab. Bist du hingegen selbstsicher, entspannt und ExpertIn, dann wollen Menschen in deiner Nähe sein und kaufen gerne. Deine Energie ist also ein ausschlaggebender Faktor, ob dein Passive Money-Business erfolgreich ist oder nicht.

Dein Money-Mindset

Was sollten die ersten Begriffe sein, die Menschen nennen, wenn sie beschreiben, wie es sich in meiner Gegenwart anfühlt?

1. _____ 6. _____

2. _____ 7. _____

3. _____ 8. _____

4. _____ 9. _____

5. _____ 10. _____

Grenzen, die ich auflösen möchte:

_____

_____

_____

_____

_____

_____

_____

_____

Neue Grenzen, die ich setzen möchte:

_____

_____

_____

_____

_____

_____

_____

_____

FÜHLE FÜLLE

Die Weichen für ein gewinnbringendes Money-Mindset hast du jetzt gestellt. Du weißt, was du willst und was du nicht willst. Deine Vision von Arbeit und Geldverdienen ist ganz klar definiert, Glaubenssätze sind so formuliert, dass sie dir dienen, Grenzen sind aufgelöst oder wo nötig neu bestimmt. Jetzt geht es darum, dein Unterbewusstsein zu trainieren und deine neue Denkweise zu etablieren, damit alles nicht länger eine Vision bleibt, sondern Realität wird.

Es gibt verschiedene Tools, um dein Unterbewusstsein zu trainieren, dein neues Ich zu festigen und dein Mindset auf Erfolg und Fülle auszurichten.

1. Meditation

Stelle dir in einem meditativen Zustand dein Leben in Fülle, finanzieller Sicherheit und maximaler Flexibilität vor. Wie würdest du leben? Wo bist du? Wie fühlt es sich an, wenn Geld ganz leicht zu dir fließt? Denk hier auch an die Bilder von deinem Vision-Board und aktiviere alle deine Sinne:

Was riechst du?
Hast du einen Geschmack auf der Zunge?
Was hörst du?
Ist dir warm oder kalt?
Wie fühlt sich dein Umfeld an?
Welche Energie nimmst du wahr?

Genieße diesen Zustand, den du wahrnimmst. Sauge deine Empfindungen dazu auf. Welche Details kannst du vor deinem inneren Auge wahrnehmen? Konzentriere dich hier auf Details, sieh dich um. Verlasse diesen Ort gedanklich in Dankbarkeit und suche ihn immer wieder auf, wenn dir danach ist.

Am besten funktioniert eine Meditation, wenn du gerade aufgewacht oder kurz vor dem Einschlafen bist. In diesem Dämmerzustand kommst du schnell auf eine unterbewusste Ebene, in der dieses Gefühl verankert werden darf, bis es zu deiner Realität wird.

2. Affirmationen

Affirmationen sind bejahende Sätze, es können auch Glaubenssätze sein, die du wie ein Mantra ständig wiederholst und in deinen Alltag integrierst. Du kannst sie laut aufsagen, lesen, aufschreiben … Welche Methode für dich am besten funktioniert, wirst du schnell feststellen. Ich singe sie auch gerne meinem Kind vor, das ist eine Win-win-Situation. Damit pole ich schon das Unterbewusstsein meiner Tochter auf Erfolg und Leichtigkeit.

Am Ende des Buches findest du Money-Affirmationen. Wähle vor allem diejenigen davon aus, die bei dir den größten Widerstand erzeugen. Genau das sind nämlich die Punkte, wo du noch trainieren musst.

3. Anker setzen

Bring dich immer wieder in das Gefühl deines Wunschzustandes, das du manifestierst. Verankere das Gefühl dieses Zustandes, indem du die Bilder und Sätze immer wieder vor deinem inneren Auge abrufst. Es erzeugt in dir einen wahren Glückszustand und Wärme im Bauch. Stell dir vor, dass du dieses Gefühl in deinem Unterbewusstsein abspeicherst und es wie eine Erinnerung immer wieder in dein Gedächtnis kommt. Du kannst dich im Alltag immer wieder an diesen Anker erinnern und mit diesem Reminder dieses Gefühl wieder aktivieren. Zelebriere dieses Gefühl, genieße es. Das wird dein neues Normal. Sorglosigkeit, Leichtigkeit und Erfüllung in Arbeit und freier Lebenszeit.

Stell dir dazu mehrfach am Tag einen Wecker oder verbinde es mit einer Routine in deinem täglichen Ablauf. Zum Beispiel kann der Anker abgerufen werden, wenn du die Hände wäschst. Du wirst automatisch an deinen Anker denken, wenn du deine damit verbundene Routine ausführst. Ich verbinde den Anker auch gerne mit einer anderen Wiederholung, die sonst zu kurz kommt. Zum Beispiel trinke ich immer ein Glas Wasser und stelle mir vor, wie sich mit dem Wasser in jeder Zelle meines Körpers dieses Gefühl von meinem Wunschzustand verteilt und es so nach außen strahlen kann.

Es geht darum, dein Sein auf dein neues Ich zu polen. Dein Bewusstsein ist der Realist, der dich erinnert, dass es so doch noch gar nicht ist. Dein Unterbewusstsein trifft jedoch 95 % deiner Entscheidungen, die folglich deine Zukunft prägen. Wenn dein Unterbewusstsein überzeugt ist und entsprechend deinem neu manifestierten Ich handelt, dann wird es auch deiner Realität und deinem Bewusstsein folgen. Damit das gelingt, musst du aber kontinuierlich am Ball bleiben.

4. Vision-Board

Erstelle eine Collage mit Fotos, Zahlen und Wörtern, die dein Wunschleben und vor allem deinen Zustand des leichten Geldverdienens widerspiegeln. Du darfst hier alles platzieren, was du dir wünschst – mag es sich auch noch so weit hergeholt anfühlen. Über die Jahre habe ich meine Vision-Boards immer wieder angepasst, da sich die Wünsche erfüllt haben. Von meiner Traumwohnung über mein Arbeitsleben und den Jahresumsatz bis zu meinem Partner und dem Ort, an dem ich lebe. Du darfst alle deine Wünsche visualisieren und kannst sie so manifestieren.

5. Gib zuerst

Dein Wunschzustand hat vor allem ganz viel mit Fülle zu tun. Die Details mögen für jeden von uns unterschiedlich sein, aber einige Punkte haben wir gemein. Genügend Geld, viel Zeit, maximale Sicherheit und immerwährende Flexibilität. Wann immer du das Gefühl abrufst, begibst du dich in einen Zustand der Fülle. Übertrage diese Energie auch auf deine Außenwirkung und handle so, als ob du in Fülle handeln würdest.

Lade deine Freunde das nächste Mal zum Essen ein. Aber richtig gerne und von Herzen. Fühle das Geben, wie schön es ist, jemandem eine Freude zu machen. Gib deine positive Energie in Bezug auf Geld deiner Umgebung zurück. Natürlich alles in einem Rahmen, wie es aktuell für dich möglich ist. Es geht nicht um die Höhe der Summe, sondern um das Geben und Nehmen an sich. Fang an, eine kleine Summe regelmäßig zu spenden. Such dir eine Organisation oder einen Verein, die du gerne unterstützen möchtest. Zahle deine Rechnungen pünktlich und in voller Dankbarkeit und Liebe. Wann immer ich Rechnungen überweise, dann mache ich das bewusst und gerne und fühle damit nochmals jeden einzelnen Mehrwert, den ich dadurch als Gegenleistung bekomme. Ganz egal ob es um die Honorare für meine MitarbeiterInnen geht, die mir Zeit und Flexibilität schenken, um die Miete, die mir ein schönes Zuhause und Wohlbefinden ermöglicht, oder um Coaching-Sessions, die ich selber für mehr Klarheit und Weitsicht in Anspruch nehme.

Selbst dann, wenn genug Zeit und Geld da sind: Ich habe viele Coachees, die nicht mit passiven Einnahmen starten wollen, weil sie zu wenig Wissen dazu haben. Entweder kommen sie aus einer wohlhabenden Familie, oder sie leben in einer Partnerschaft, in der sich der Partner oder die Partnerin um das Einkommen kümmert. Ich bewerte keines dieser Modelle, denn Geld ist ein Tauschgeschäft, genauso wie die Zeit für Care-Arbeit, Haushalt & Co. Was ich aber immer wieder feststelle: Egal wie viel Geld da ist, es gibt immer einen Elefanten im Raum, wenn die Person das Gefühl hat, sie profitiere gerade von ihrer Situation, könne sich aber xy nicht leisten oder etwas dazu beisteuern. Die Unabhängigkeit ist nicht gegeben, die Abhängigkeit ist allgegenwärtig und kein schönes Gefühl.

Passives Einkommen ist für jeden ein Gamechanger, unabhängig davon, wie viel Geld schon da ist, was für Familienverhältnisse vorherrschen oder welchen Schulabschluss ein Mensch hat. Wer einmal verstanden hat, wie es funktioniert, möchte mehr davon. Intelligente Menschen werfen ihr Geld nicht zum Fenster raus. Triff nach wie vor kluge Entscheidungen im Hinblick darauf, was dir dein Geld wert ist. Spare, wo sich der Austausch von Geld gegen den Gegenwert nicht richtig anfühlt. Reinvestiere dein Geld, anstatt es für unnötige Dinge zu verprassen. Handle wie ein Mensch, der wohlhabend bleiben möchte. Ansonsten kann sich das Blatt schneller wenden, als du gucken kannst.

6. Die Macht der Gedanken

Sobald du deine Zukunft nach deinen Vorstellungen und Wünschen definiert hast und den Zustand sowie das entsprechende Gefühl regelmäßig aufrufst und entsprechend handelst, übe dich in Vertrauen. Zu pushy zu werden und aus einem Mangelgefühl alles sofort erreichen zu wollen, gelingt nicht. Du musst in einem Gefühl der Fülle bleiben, auch wenn es für den Moment nur durch die Macht der Vorstellung aktiviert werden kann, um es ins Außen zu bringen. Mangel an Geld, Mangel an Selbstvertrauen, Mangel an Zeit – all das zieht nach dem Gesetz der Anziehung nur noch mehr Mangel in dein Leben.

Es gibt dazu ein sehr spannendes Experiment, das ich während meiner Yogalehrerin-Ausbildung gemacht habe und das mich nachhaltig darin bestärkt hat, dass mein Mindset ein Faktor ist, der über Erfolg oder Scheitern entscheidet. Das Experiment geht zurück auf Masaru Emoto, du kannst es ganz einfach zu Hause wiederholen. Koche Reis und fülle diesen in identischen Mengen in zwei luftdichte Behälter ab, zum Beispiel Marmeladengläser. Das eine Glas beschriftest du mit Fülle, das andere mit Mangel. Am besten wickelst du die Gläser noch in Geschenkpapier ein, damit der Überraschungseffekt groß ist.

Platziere die Gläser in zwei verschiedenen Räumen in deinem Zuhause. Wann immer du liebevolle Worte, Dankbarkeit und Zuversicht teilen möchtest, nimm dir den Fülle-Reis dazu. Sprich deine Gedanken laut aus oder auch nur leise für dich in Gedanken. Wenn du Zweifel, Sorgen, Ängste oder Wut verspürst, dann nimm den Mangel-Reis in die Hand. Schaue dir die beiden Reisgläser nach drei bis vier Wochen an. Der Fülle-Reis wird fast wie am Anfang des Experiments aussehen, der Mangel-Reis hingegen wird deutliche Spuren von Schimmel haben. Ich habe das Experiment selber gemacht – und es hat funktioniert!

Wähle deine Worte und Gedanken weise, pole dich auf Erfolg und Fülle. Gleiches zieht Gleiches an.

BISS

Die amerikanische Psychologin Angela Duckworth hat 2011 in ihrem Bestseller *Grit. The Power of Passion and Perseverance* (deutsch: *GRIT – Die neue Formel zu Erfolg: Mit Begeisterung und Ausdauer zum Ziel*; englisch »grit« bedeutet Biss, Mut) die Biografien erfolgreicher Menschen untersucht. Sie fand heraus, dass Erfolg das Resultat der langfristigen Verfolgung eines Ziels, von Leidenschaft und Durchhaltevermögen ist. Biss ist dabei der ausschlaggebende Punkt und besteht in ihrer Auffassung aus Leidenschaft, gepaart mit Durchhaltevermögen. Demgegenüber steht die weit verbreitete Überzeugung, dass einzig Talent über Erfolg entscheidet. Dabei bedeutet Talent lediglich, dass man eine bestimmte Sache leichter lernen kann als andere. Entscheidend ist jedoch nicht der Fokus auf ein schon vorhandenes Talent, sondern ein langfristiges Ziel, für das man bereit ist, konsequent Gas zu geben. Duckworths Lehren lauten: Aus Talent, gepaart mit Einsatz, werden Fähigkeiten ausgebildet. Kombiniert man Fähigkeiten und Einsatz, erzielt man

Ergebnisse, also Erfolg. Einsatz ist in der Logik von *GRIT* also der entscheidende Faktor und er zählt doppelt!

> Talent x Einsatz = Fähigkeiten
> Fähigkeiten x Einsatz = Erfolg

Setz dir also ein konkretes Ziel und bleib dran. Dein Einsatz zählt nicht nur doppelt, sondern zahlt sich auch aus.

FINANZEN

In diesem Kapitel möchte ich kurz, aber informativ die wichtigsten Begriffe aus der Welt der Finanzen erklären, die dir immer wieder begegnen werden. Es ist wichtig, dass wir im Verlauf des Buches ein gemeinsames Verständnis von deren Definition haben und es keine Missverständnisse gibt. Damit du in Zukunft monetäre Entscheidungen selbstbewusst treffen kannst, ist es unabdingbar, dir ein solides Basiswissen zum Thema Finanzen anzueignen. Du kannst nur kluge Entscheidungen treffen, wenn du wirklich verstehst, was die einzelnen Schlagwörter bedeuten und was dahintersteckt. Manche davon sind ganz einfach, andere etwas komplizierter. Nutze die folgenden Seiten auch gerne als Nachschlagewerk, wenn dir die Wörter später wieder begegnen und ich die einzelnen Passive Money-Quellen vorstelle. Aber keine Angst, es ist absolut kein Hexenwerk.

FINANZ-EINMALEINS

In den ersten Kapiteln habe ich bereits ein paar wichtige Begriffe erklärt, die uns im jeweiligen Kontext begegnet sind. Zu den einzelnen Passive Money-Quellen wird es später weitere Erläuterungen geben. Diese betreffen dann aber nur das jeweilige Kapitel. Die folgenden Begriffe sind jedoch ganz allgemein wichtig, und deren grundlegendes Verständnis erlaubt es dir, tiefer in die einzelnen Bereiche einzutauchen.

Finanzen

Geld

Geld ist ein Tauschmittel gegen den Wert einer Leistung, Arbeit oder Ware. Energetisch gesehen ist es ein gleichwertiges Tauschmittel wie Zeit, Leistung, Arbeit. Du hast selbst die Verantwortung dafür, welchen Wert du als Gegenleistung für deine Arbeit akzeptierst. Du bestimmst selbst, welchen Wert in Form von Geld du deiner Arbeit und Zeit gibst. Es gibt natürlich eine gesellschaftliche Konvention darüber, was eine bestimmte Leistung wert ist, die sich aber immer wieder verändern kann. Viel wichtiger ist aber, dass du für dich kalkulierst, wie viele Stunden Verwaltungsaufwand du monatlich benötigst, nachdem dein Passive Money-Fundament steht, und welchen monatlichen Umsatz du machst. Dein Umsatz abzüglich deiner fixen und variablen Ausgaben sowie deiner Arbeitszeit von x Stunden zu einem für dich (fiktiv) festgelegten Stundensatz ergibt deinen Bruttogewinn, und das Ganze versteuert sind grob gerechnet deine passiven Einnahmen. Ich kalkuliere immer gerne damit, dass mir grob gerechnet 50 % nach Steuer vom Kuchen bleiben.

Deinen Stundensatz zu bestimmen, ist womöglich gar nicht so leicht. Denk daran, dass es sich auch um eine Wertschätzung gegenüber dir und deiner Lebenszeit handelt. Zoom einmal raus. Es geht jetzt nicht darum, deinen Lebensunterhalt zu bestreiten. Es ist genug Geld da. Für welche Gegenleistung bist du bereit, eine Stunde deiner Lebenszeit einzutauschen?

Ganz wichtig: Natürlich kalkulieren wir mit Nettobeträgen.

Nettopreis

Beim Nettobetrag handelt es sich um den Preis exklusive Mehrwertsteuer. Du verkaufst zum Beispiel ein Buch für 24,95 € inklusive 7 % Mehrwertsteuer. Der Nettobetrag ist 23,20 €.

Bruttopreis

Beim Bruttobetrag handelt es sich um den Preis inklusive Mehrwertsteuer. Du verkaufst dein Buch im Handel für 24,95 €. Das ist der Preis inklusive 7 % Mehrwertsteuer. Der Bruttobetrag ist also immer größer als der Nettobetrag.

Zu versteuerndes Einkommen

Es mag so simpel sein, aber vielen ist es nicht klar, deswegen sei hier nochmals betont: Der Nettobetrag ist nicht das zu versteuernde Einkommen. Vielmehr gilt hier die Formel:

> Zu versteuerndes Einkommen = Brutto-Einkommen − Werbungskosten − sonstige Aufwendungen und Freibeträge

Werbungskosten sind beruflich bezogene Ausgaben, die du steuerlich geltend machen kannst. Dazu gehören zum Beispiel Arbeitskleidung, Fahrtkosten, Arbeitszimmer, Arbeitsgeräte, Reisekosten, Bewerbungskosten, Umzugskosten, Kontoführungsgebühren oder Fortbildungskosten.

Es gibt verschiedene Freibeträge. Der prominenteste ist der Grundfreibetrag, der jedem zusteht. Alleinstehende, die ein Jahreseinkommen von maximal 10.347 € erzielen, müssen keine Einkommensteuer zahlen. Alle anderen Freibeträge betreffen dich nur in bestimmten Lebenssituationen, wie der Kinderfreibetrag oder der Ausbildungsfreibetrag.

Gerade für die Einreichung von Werbekosten ist es wichtig, dass du deine Belege sammelst und sortierst. Was du nicht vorzeigen kannst, kannst du auch nicht geltend machen. Rückwirkend noch Belege in Taschen oder im Papier zu finden, ist mühselig und kostet viel Zeit und Nerven. Deshalb solltest du von Anfang an alle digitalen und physischen Rechnungen sammeln und sie einmal im Monat in einem Jour fixe mit dir selbst in Ruhe sortieren und speichern.

Rücklagen

Rücklagen sind einbehaltene Gewinne in Form von Eigenkapital. Diese dienen als Reserve und sollten immer da sein für Notfälle oder außerplanmäßige Ausgaben. Es wird oft empfohlen, die Fixkosten von drei Monaten zu sparen. Ich empfehle meist pauschal 10.000 €. Sollte der Betrag deiner monatlichen Fixkosten darüber liegen, dann auch deutlich mehr.

Sparen

Es gibt verschiedene Möglichkeiten, Geld zu sparen. Ziel ist es hier, hohe Zinsen für dein Geld zu generieren. Die Realität ist jedoch ziemlich ernüchternd. Auf dem Girokonto gibt es so gut wie keine Zinsen mehr, das Geld dient hier lediglich dem Durchlauf.

Mein Tipp
Deine Rücklagen mit einer festen monatlichen Ratenüberweisung auf ein Tagesgeldkonto aufbauen, bis du deinen festgelegten Notgroschen erreicht hast. Danach kannst du mit einer kleineren monatlichen Rate deinen Notgroschen weiter füllen, solange du ihn

gerade nicht brauchst. Meist kommen Notfälle unerwartet, deswegen ist es mir wichtig, dass ein schneller Zugriff auf das Geld möglich ist. Parallel aber solltest du schon starten, dein Geld langfristig anzulegen, auch wenn dein Notgroschen noch nicht komplett gefüllt ist. So macht es einfach mehr Freude.

Investieren

Du kannst dein Geld kurzfristig bis langfristig anlegen. Ziel ist es, dass sich dein eingesetztes Kapital von alleine vermehrt oder mit möglichst wenig Verwaltungsaufwand.

Kurzfristig: weniger als 12 Monate

Langfristig: länger als zwölf Monate

Klassische Anlagemethoden sind Aktien, Immobilien oder Gold. Moderne Modelle sind Unternehmensbeteiligungen, ETFs, Kryptogeld, NFTs (Non-Fungible Token; deutsch: nicht austauschbarer Kryptowert) ... Keine Anlagemethode der Welt kann dir Erfolg garantieren. Keine Anlage kann dir eine fixe Rendite versprechen. Egal was dir verkauft oder suggeriert wird. Alle Gewinnannahmen beruhen auf den Entwicklungen und Renditen der letzten Jahre. Meist ist es so, dass mit der Größe einer möglichen Rendite auch die Höhe des Risikos steigt. Konservative Anlagemethoden haben eine im Schnitt eher konstante Rendite, die dafür geringer ausfällt. Du selbst entscheidest nach deinem eigenen Risikoempfinden, je nachdem, ob du risikoavers, risikoneutral oder risikoaffin bist.

Zins und Zinseszins

Indem du dein Geld in eine Anlage investierst, wirst du mit einer Rendite belohnt, deren Wert in einem Zinssatz ausgedrückt wird. Dagegen wird beim Zinseszins der Zinsertrag zum Kapital addiert und im Folgejahr mitverzinst. Es gibt also nicht nur Zinsen auf das ursprüngliche Geld, sondern auch auf die in der Vorperiode erwirtschafteten Zinsen. Schauen wir uns das anhand eines Beispiels an: Du hast eine Anlage, die dir eine Rendite von 5 % generiert. Aus 1000 € werden 1050 €.

Die 50 € Rendite kannst du dir auszahlen lassen oder sie im Topf lassen und mitverzinsen.

Nimmst du sie raus und generierst wieder eine Rendite von 5 %, hast du im nächsten Jahr wieder 1050 €, also eine Gesamtrendite von 100 €. Lässt du die 50 € drin, sind es mit Zinseszins 1102,50 €. Also 2,50 € mehr.

DEIN STATUS QUO

Der nächste Schritt ist dein finanzieller Status quo, den du übrigens nicht nur einmalig, sondern immer wieder analysieren solltest. Werde dir bewusst darüber, welche Einnahmen und welche Ausgaben du hast, welche Kosten du reduzieren kannst und welche Einnahmequellen sich vielleicht gar nicht rentieren für den tatsächlichen Arbeitsaufwand, der dahintersteckt. Mache regelmäßig Preisvergleiche und optimiere deine Kosten.

Meine Aufstellung mache ich immer mit einer ganz unspektakulären Excel-Tabelle. Dabei schreibe ich alle fixen Einnahmen und Ausgaben auf. Fixe Einnahmen sind zum Beispiel dein Nettogehalt, Kindergeld, Elterngeld, Unterhalt oder Rente. Fixe Ausgaben sind Miete, Strom, Internet, Handy, Krankenversicherung, andere Versicherungen wie Haftpflicht, Hausrat- oder Kfz-Versicherung, Leasingraten, Kreditraten und Abonnements wie Fitnessstudio, Netflix, Spotify und Co. Alle Einnahmen werden summiert, genauso wie die Ausgaben, und dann wird die Differenz berechnet. Solltest du hier schon im negativen Bereich sein, gilt es definitiv, ab sofort Einsparungen zu tätigen und an deinen Kostenpunkten zu schrauben. Welche Abos kannst du streichen oder gemeinsam mit anderen nutzen? Es lohnt sich, einmal im Jahr Versicherungen und Stromtarife zu vergleichen und gegebenenfalls den Anbieter zu wechseln.

Hinzu kommen aber noch deine variablen Ausgaben. Das sind vor allem Lebensmittel, Restaurantbesuche, Lieferdienste, Haustiere, Kleidung, Benzin, Freizeitaktivitäten, Geschenke, Urlaube, Kosmetik, Hobbys, Spenden, Friseur, aber auch deine Aufwendungen für Rücklagen und Sparraten. Wenn du dir überhaupt nicht bewusst bist, wie viele Kosten wirklich anfallen, empfehle ich dir, deine Ausgaben für drei Monate zu tracken und daraus den Mittelwert zu berechnen. Da gibt es auch tolle Apps, wo du jede einzelne Ausgabe konsequent eintragen kannst und dann eine Übersicht erhältst. Wenn du für den Moment eine Übersicht erstellen möchtest und dir noch nicht so sicher bist, dann kalkuliere lieber mit pessimistischeren Werten.

Solltest du bislang noch kein Geld in Rücklagen zurückgelegt oder Geld in Aktien oder ETFs investiert haben, dann fang sofort damit an. Welche Summe kannst du jeden Monat zur Seite legen, ohne dass es wehtut? Vielleicht findest du auch Einsparmöglichkeiten, die du dafür als Sparrate verwendest. Denke hierbei auch daran, dass jeder Cent, der heute auf deinem Girokonto ungenutzt herumliegt, an Wert verliert. Starte mit einem Drittel Invest in deine langfristigen Anlagen und zwei Dritteln für den Ausbau deines Notgroschens. Sobald Letzterer komplett angelegt ist, kannst du die Raten tauschen oder auf einen anderen Verteilschlüssel umstellen. Fülle deinen Notgroschen aber weiterhin, solange du ihn nicht brauchst, ebenso dein Anlagekonto. Lass es zu einer fixen Ausgabe werden, an der nicht zu rütteln ist. Hinterfrage deinen Fokus in Hinblick darauf, welche Ausgaben wirklich notwendig sind. Brauchst du wirklich eine weitere Handtasche, oder sparst du dir lieber das Geld, um es in eine Immobilie zu stecken, die eine Absicherung für die Rente sein kann.

Sobald du passive Einnahmen generierst, lass die dazugehörigen Einnahmen und Ausgaben über ein separates Konto fließen. Entweder lässt du die Erträge komplett unangerührt, um sie in weitere passive Einnahmequellen zu reinvestieren, oder du zahlst dir einen fixen Betrag von deinen Einnahmen aus, um den Rest zu sparen oder deinen Rücklagen zuzuführen. Was auch immer du tust: Lass dein Geld nicht unangerührt, wenn du es für dich arbeiten lassen kannst.

ZIELE SETZEN

Deine persönliche Ziele erreichen kannst du nur, wenn du sie konkret definierst. Deine Parameter zu Arbeit und Geld hast du schon in einem vorherigen Kapitel bestimmt. Ebenso den Betrag, den du im Jahr verdienen möchtest, nachdem dein Fundament steht, sowie dein Commitment dir selbst gegenüber, wie viel Geld du passiv generieren möchtest. Wenn du nur bestimmst: »Ich möchte viel Geld verdienen«, dann genügt das nicht. Viel Geld kann für dich 100 € und für mich 100.000 € bedeuten. Bestimme genau, was du erreichen möchtest und wie es sich anfühlen soll (leicht, unkompliziert, verdient, sicher …). Nur mit konkreten Vorstellungen kannst du erfolgreich passive Einnahmen generieren. Solltest du also nochmals zu deinen Einträgen zurückkehren und etwas bearbeiten wollen, dann wäre jetzt die Gelegenheit dazu.

PASSIVE EINNAHMEN

Die gute Nachricht: Geld online zu verdienen, ist nichts Neues und für jeden sofort umsetzbar. Vorausgesetzt, du hast einen Laptop und Zugang zum Internet. Gleichzeitig gibt es heute mehr unseriöse Angebote denn je, die dir versprechen, durch die Teilnahme an Meinungsumfragen oder als Online-Tester zu plötzlichem Reichtum zu gelangen. Eher unglaubwürdig. Zudem sollten wir nicht unbeachtet lassen, dass es sich hierbei nicht um passive Einnahmen handelt!

Es gibt heutzutage aber auch unzählige Möglichkeiten, online *und* auf seriöse Weise Geld zu verdienen. Alle zu benennen, würde den Rahmen dieses Buches sprengen. Relevant sind für uns rein passive Einnahmequellen, die es dir ermöglichen, mit guter Vorarbeit und spezifischer Platzierung Geld zu dir fließen zu lassen. Lass uns die verschiedenen Möglichkeiten genauer betrachten.

Oft werde ich gefragt, was passive Einnahmen überhaupt sind. In diesem Kapitel möchte ich genau erklären, was dahintersteckt und wie divers passive Einnahmequellen sein können. Wichtig ist, dass die aktive Arbeitszeit so gering wie möglich ist, im besten Fall bei null liegt, damit es sich wirklich um passive Einnahmen handelt. Damit dies gelingt, gilt es, alle Abläufe so weit wie möglich zu automatisieren, Prozesse zu optimieren und Aufgaben outzusourcen. Denn nur wenn wir unser aktives Zutun auf (nahezu) null minimieren, handelt es sich auch wirklich um passive Einnahmen. Hierfür gibt es verschiedene Tools, die uns je nach Einnahmequelle das Geldverdienen vereinfachen.

In den nächsten Kapiteln werde ich die verschiedenen passiven Einnahmequellen näher erläutern: physische Produkte, digitaler Content, Online-Shop und Dropshipping, Amazon KDP und Amazon Merch on Demand, Aktien sowie Immobilien. Dabei lassen sich auch mehrere Einnahmequellen kombinieren, die Wahl muss nicht ausschließlich auf eine Methode fallen. Das Passive Money-Prinzip ist kein fixes Rezept, sondern ein Fundament mit verschiedenen Bausteinen, die du für dich passend kombinieren darfst.

WAS BEDEUTET PASSIVE EINNAHMEN GENERIEREN?

Passive Einnahmen ermöglichen dir, Geld zu verdienen, wenn du dich gerade nicht mit der Sache beschäftigst. Das bedeutet aber nicht, dass du Letzteres nicht schon im Vorhinein getan hast. Wahrscheinlich sogar in sehr intensivem Umfang. Passiv Geld verdienen beginnt für mich mit dem Moment, in dem dein Fundament steht. Im besten Fall kannst du schon Umsätze generieren, wenn die Grundlagen noch nicht komplett stehen. Spätestens dann generierst du die Umsätze passiv. Ohne weiteres Zutun, weil die Prozesse laufen.

Aber was ist denn jetzt genau das Fundament? Tatsächlich ist das, je nach passiver Einnahmequelle, eine einfachere oder eine komplexere Angelegenheit. Grob vereinfacht gesagt, ist das Fundament dann bereitet, wenn alle Eventualitäten be- und durchdacht sind. Ich erkläre es dir.

Gehen wir zum Beispiel davon aus, du hast einen Online-Shop für Fahrradzubehör. In erster Linie muss der Verkauf reibungslos klappen. Der Kunde sieht Produktbilder, die Aussehen und Funktion zeigen, die Produktbeschreibung erläutert alle nützlichen Facts rund um das Produkt. Der Kauf wird mit einem Klick mit verschiedenen Zahlungsmöglichkeiten abgeschlossen, der Kunde bekommt alle Infos zu Bestellung und Versand per E-Mail zugeschickt. Es kann aber passieren, dass dein Kunde nach dem Kauf Interesse an dem Produkt in einer anderen Farbe hat, dieses aber gerade ausverkauft ist. Deswegen möchte er das ursprüngliche Produkt reklamieren. In diesem Prozess werden Fragen aufkommen: Wann ist das rote Produkt wieder verfügbar? Wie retourniere ich ein Produkt? Wann bekomme ich mein Geld zurücküberwiesen? Kann ich, anstatt neu zu bestellen, den Umtausch in einem Vorgang mit der Bestellung des ursprünglichen Produkts abwickeln? Im schlimmsten Fall bekommst du als Shop-Inhaber vier einzelne E-Mails von deinem Kunden geschickt, mit jeweils einer dieser Fragen.

Mach es also dir und deinem Kunden so einfach wie möglich. Platziere die Rücksendebedingungen schon auf der Website, aktiviere eine Warteliste für ausverkaufte Produkte, die automatisch über eine Verfügbarkeit benachrichtigt, erstelle eine FAQ-Liste und platziere die Liste gut sichtbar auf deiner Shop-Seite. Überdenke alle Cases, die eintreten können, und wie du sie vorab schon automatisiert lösen kannst. Die E-Mails kosten dich sonst nicht nur Zeit, sondern auch Geld. Da du passiv Geld verdienen möchtest, gehe ich davon aus, dass du den Kundenservice outsourct. Je weniger Anfragen kommen, weil diese schon auf der Website oder in der Bestellbestätigung abgefangen werden, desto glücklicher ist der Kunde und desto weniger Arbeit und Geld kostet dich dein Kundenservice.

Ein anderes Beispiel: Du verkaufst einen Online-Kurs, der bereits aufgenommen ist. Die Aufzeichnung wird mit dem Kauf an den Kunden verschickt. In dem Moment, in dem der Kurs gekauft wird, soll der Kunde auch die Möglichkeit haben, den Kurs anzuschauen. Egal ob es morgens in der Früh ist, wenn du noch schläfst, oder mitten in der Nacht. Außerdem sollten automatisch eine Rechnung und Anhänge wie Präsentationen oder ein Workbook versendet werden. Du kannst jeden dieser Schritte mit Schnittstellen wie

Zapier automatisieren. Hierbei erstellst du Wenn-dann-Szenarien. Sobald der Kunde etwas kauft, wird automatisch eine personalisierte Rechnung mit der hinterlegten Rechnungsadresse per E-Mail verschickt, ebenso der Link zum Abruf oder Download des Kurses, optimalerweise zusammen mit einer FAQ-Liste.

Ein weiteres Beispiel für deinen Invest in Aktien und ETFs: Das geht am einfachsten mit einem Sparplan, den du automatisch jeden Monat mit einer Überweisung von deinem Konto aus befüllst und bei dem die Verteilung des Gelds auf die einzelnen Anlagen bereits automatisiert ist. Die Überweisung kannst du durch einen Dauerauftrag planen und deinen Sparplan dementsprechend ausrichten. Du kannst diesen jederzeit anpassen, aber wenn du alles so lässt wie am Anfang, hast du keinen weiteren Aufwand mehr.

Diese Beispiele haben dir hoffentlich eine gute Übersicht verschafft, was »Fundament« hier bedeutet. Nicht immer sind es rein technische Anpassungen. Oft bedeutet es auch das Outsourcen von Aufgaben an Mitarbeiter, die dir Flexibilität und Freiraum schenken.

Gerade am Anfang meiner Firmengründung bekleidete ich alle Positionen in meinem Unternehmen in einer Person: HR, Produktentwicklung, CFO, Social-Media-Manager, Kundenservice und IT-lerin. Als Erstes habe ich in meinem Yogastudio die Position der Social-Media-Managerin an eine Werkstudentin abgegeben. Diese Stelle war unglaublich wichtig als Marketing-Kanal, um SchülerInnen auf meine Firma aufmerksam zu machen und News und Angebote zu teilen. Zudem kommen über diesen Kanal Nachrichten rein, die es pünktlich zu beantworten gilt. Die Werkstudentin hatte zusätzlich noch Admin-Aufgaben übernommen, Verträge für LehrerInnen erstellt, das Onboarding koordiniert, E-Mails beantwortet und für mich vorsortiert.

Damit hatte ich schon mal mehr Zeit für strategische Aufgaben. Als Nächstes habe ich eine der Lehrerinnen zur Studiomanagerin gemacht. Sie kannte das Studio genauso wie ich und übernahm ab sofort die Kommunikation mit den fast 50 LehrerInnen. Ob kurzfristiger Ersatz wegen Krankheit, Koordination neuer Klassen, Onboardings neuer LehrerInnen – ich war nicht mehr die direkte Ansprechpartnerin, was mir ebenfalls unglaublich viel Zeit geschenkt hat. Genau so wollte ich es haben. Ab da war ich nur noch Finanzministerin, habe die Rechnungen überwiesen und mich um die Weiterentwicklung der Brand *The Life Barn* gekümmert.

Doch ich hatte ein Problem: Wenn alle Stricke rissen, war noch immer ich die Ansprechpartnerin. Diese Rund-um-die Uhr-Erreichbarkeit sieben Tage die Woche von frühmorgens bis spätabends hat mich sehr viel Energie gekostet und mich nie wirklich abschalten lassen. Deshalb bin ich heute, nach dem Verkauf des Studios, sehr froh, dass ich diese Verbindlichkeiten nicht mehr habe und mit anderen Passive Money-Quellen Geld verdiene, die nicht nur eine minimale Arbeitszeit, sondern auch eine minimale Erreichbarkeit mit sich bringen.

Die Schlüsselwörter dafür sind Outsourcen und Automatisieren. Versuche von Anfang an, jeden Schritt, den es nicht braucht, wegfallen zu lassen, möglichst viel zu automatisieren, Aufgaben abzugeben, die dein Zutun nicht unbedingt benötigen, und alle möglichen Eventualitäten mit Wenn-dann-Szenarien einzuplanen und Lösungen dafür bereitzustellen.

WELCHE PASSIVEN EINNAHMEQUELLEN GIBT ES?

Es gibt unzählige passive Einnahmequellen, neue kommen immer wieder dazu. In diesem Buch möchte ich mich auf die Einnahmequellen beschränken, die ich selbst nutze und gemastert habe. Physische Produkte, Online-Content, Online-Shop, Marketplace, Amazon KDP, Merch by Amazon, Amazon FBA, Aktien und ETFs und Immobilien. So unterschiedlich die passiven Einnahmequellen auch sind – sie können fast immer auch in Kombination oder als Reinvest genutzt werden. Es kann auch sein, dass eine Quelle gar nicht mit dir resoniert. Aber auch das ist völlig in Ordnung. Lies die einzelnen Kapitel durch und spüre in dich rein, ob in dir schon kreative Ideen wachsen.

BEWERTUNG DER PASSIVEN EINNAHMEQUELLEN

Mit der Zeit habe ich eine Bewertung der passiven Einnahmequellen nach drei Kriterien kreiert, die helfen, die einzelnen passiven Einnahmequellen einzuordnen.

1. Verwaltungsaufwand (wenig bis viel)
2. Dauer der passiven Einnahmequelle (kurzfristig bis langfristig)
3. Eigenkapitalbedarf (0 € bis größerer Eigenkapitalbedarf)

VERWALTUNGSAUFWAND

Dahinter verbirgt sich, wie viel aktive Arbeitszeit es von dir benötigt, damit alles läuft. Sei es, um die Buchhaltung zu machen, MitarbeiterInnen zu koordinieren oder E-Mails zu beantworten. Im besten Fall natürlich sollte das so wenig wie möglich sein und nicht täglich anfallen. Der Spielraum zwischen »wenig« und »viel« ist sehr breit und die genaue Definition unterliegt deiner persönlichen Bewertung. Automatisiere alles, was möglich ist, reduziere den Workflow aller Beteiligten auf Einnahmen bringende Aktivitäten und gib Aufgaben ab. MitarbeiterInnen müssen rentabel bleiben, ihr Lohn muss in einem angemessenen Verhältnis zu den Einnahmen stehen. Deine Passive Money-Quellen sollten kein Hobby, sondern wirklich relevante Einnahmequellen sein. Sobald deine passiven Einnahmen mindestens deine Fixkosten decken, solltest du hinterfragen, womit du deine aktive Arbeitszeit verbringst. Deinen Brotjob wirst du dann sicher aufgeben. Ich selber gebe gerne viele Aufgaben im Austausch zu Lebenszeit ab. Das muss aber rentabel sein und im Verhältnis stehen. Beispielsweise habe ich mittlerweile auf Amazon FBA über 100 Produkte. Würde ich die alle noch selbst verpacken und sortieren, dann wären es vielleicht nur 10. Gebe ich die Aufgabe aber ab und verdiene dadurch etwas weniger am Verkauf, ermöglicht das mir, meine Zeit in die weitere Produktentwicklung zu investieren. Meistens arbeite ich mit Freelancern oder Minijobbern zusammen.

DAUER DER PASSIVEN EINNAHMEQUELLE

Wie lange du aus einer Quelle schöpfst, hängt natürlich von dir ab. Allerdings gibt es Quellen, von denen du erst langfristig profitieren kannst, weil diese so angelegt sind. Wenn wir von Investments in Aktien und ETFs sprechen, dann meine ich langfristige Anlagen mit einem Horizont von 10 bis 15 Jahren und keine kurzfristigen Trades. Genauso sind Immobilien in der Regel erst mit einem Verkauf nach zehn Jahren interessant, da sie dann nicht nur lukrative Wertsteigerungen erfahren haben, sondern diese dann bei einem Verkauf auch steuerfrei realisierbar sind.

Dagegen sind kurzfristige Quellen auf sofortige Umsätze ausgelegt, wie FBA, KDP und Merch, aber auch Online-Shop, Online-Content und Marketplace. Wenn ein Produkt nach zwei Jahren nicht mehr dieselben Verkaufszahlen generiert, dann gilt es, flexibel und anpassungsfähig zu bleiben. Trends können kurzfristige Einnahmen generieren. Aber man muss immer wieder den Markt sondieren und am Ball bleiben, damit die Einnahmequelle länger besteht.

EIGENKAPITALBEDARF

Mit Amazon KDP und Merch by Amazon startest du bereits mit 0 € Startkapital. Nur beim Verkauf von Büchern beziehungsweise Apparel generierst du Umsätze und die Gebühren werden abgezogen. Du gehst aber zu keinem Zeitpunkt in Vorkasse und musst nicht anfänglich Geld investieren. Bei anderen Einnahmequellen können die Posten Einkaufskosten, Shop-Gebühren und Marketingkosten auftauchen. Bei einem Immobilienkauf ist zwar eine Vollfinanzierung möglich, inklusive Nebenkosten (Grunderwerbssteuer, Notarkosten). Allerdings geht das nur mit Absicherungen in Form von anderen Immobilien oder Eigenkapital. Allgemein spricht man beim Immobilienkauf von einem Mindestinvest in Höhe des Betrags der Nebenkosten, wenn nicht sogar mehr, um einen möglichst geringen Zinssatz bei der Bank zu bekommen.

Du siehst also, alles ist möglich. Es gibt keine Ausreden mehr, nicht auch von null zu starten, so wie ich damals. Es gibt nichts, was dich abhält.

Nachfolgend eine Übersicht der einzelnen passiven Einnahmequellen mit den oben erwähnten Bewertungskriterien.

Eigenkapitalbedarf

	Physische Produkte	Online-Shop & Dropshipping	Digitaler Content	Amazon KDP	Amazon Merch on demand	Fulfillment by Amazon	Aktien & ETFs	Immobilien
Verwaltungsaufwand	wenig – mittel	wenig – mittel	wenig – mittel	wenig	wenig	wenig	wenig	mittel
Dauer der passiven Einnahmequelle	kurz- fristig – langfristig	kurz- fristig – langfristig	kurz- fristig – langfristig	kurz- fristig – langfristig	kurz- fristig – langfristig	kurz- fristig – langfristig	mittel- fristig – langfristig	langfristig
Eigenkapitalbedarf	mittel	wenig	wenig – mittel	0 €	0 €	mittel	gering – hoch	hoch

STARTEN

Zunächst musst du noch zwei Fragen beantworten:

- Wie viel möchtest du einmalig in passive Einnahmen investieren (jetzt oder zu einem späteren Zeitpunkt)?
- Wie viel möchtest du regelmäßig monatlich investieren?

Komme gerne zu den Fragen zurück, nachdem du dich mit den möglichen passiven Einnahmequellen vertraut gemacht hast. Unabhängig davon, für welche Art der passiven Einnahmen du dich entscheidest: Du musst ein paar steuerliche und rechtliche Rahmenbedingungen beachten, bevor du loslegen kannst.

Ich gehe davon aus, dass du mit deinen passiven Einnahmen nicht mehr unter die Kleinunternehmerregelung fällst. KleinunternehmerIn bist du, wenn dein Jahresumsatz aus der Dienstleistung oder der Ware im vorangegangenen Kalenderjahr unter 22.000 € und im laufenden Jahr voraussichtlich nicht über 50.000 € liegt. Betreiber von Kleingewerbe-Betrieben können bis zu 10.908 € Einkommen generieren, ohne Steuern zu zahlen. Kleingewerbe-UnternehmerInnen sind von der Mehrwertsteuer befreit. Solltest du dich doch dazu entscheiden, als KleinunternehmerIn zu starten, ist der entscheidende Unterschied, dass du keine Mehrwertsteuer auf deiner Rechnung ausweist (die üblichen 19 % oder 7 % kommen also nicht oben drauf) und auch keine Vorsteuer geltend machen kannst. Die Vorsteuer ist die in Rechnungen enthaltene Mehrwertsteuer, die du bei Wareneinkauf oder anderen Ausgaben bereits gezahlt hast. Diese wird bei deiner Umsatzsteuer-Voranmeldung mit deiner ausgewiesenen Mehrwertsteuer verrechnet. Sind die getätigten Zahlungen größer als die bei dir ausgewiesenen, kannst du die Differenz vom Finanzamt zurückfordern. Bist du KleinunternehmerIn, machst du weder eine Umsatzsteuer-Voranmeldung, noch kannst du die Vorsteuer geltend machen.

Das Gesetz besagt: Jede Person, die kein Freiberufler ist und mit Gewinnabsicht gewerblich tätig sein will, ist laut § 14 GeWO (Gewerbeordnung) dazu verpflichtet, ein Gewerbe anzumelden. Die Anmeldung sollte spätestens 14 Tage nach Beginn der Tätigkeit erfolgen. Das gilt auch, wenn du alleine, also als EinzelunternehmerIn, tätig bist. Das wäre ein klassischer Start. Über weitere Unternehmensformen wie GmbH oder UG könntest du dir im weiteren Verlauf Gedanken machen und dich für deinen spezifischen Fall bei einem Steuerberater dazu informieren. Für den Moment ist es aber nicht relevant.

GEWERBEANMELDUNG

Du meldest also ein Gewerbe an. Das kannst du in den meisten Großstädten sogar online machen und es kostet zwischen 20 und 60 €. Sollte das nicht digital möglich sein, machst du einen Termin beim Amt und regelst das vor Ort. Meist dauert es vier Wochen, bis dein Gewerbe eingetragen ist. Sobald das Finanzamt von deiner Gewerbeanmeldung erfahren hat, bekommst du Post mit einer dir zugeteilten Steuernummer. Ohne diese kannst du keine Rechnungen schreiben. Sollte das nicht automatisch passieren, gehst du folgendermaßen vor: Unter www.elster.de füllst du den Fragebogen zur steuerlichen Erfassung aus. Dieser wird elektronisch an das Finanzamt versendet, deine Steuernummer wird dir auch in diesem Fall per Post zugeschickt. Speichere dir diese unbedingt ab, denn du wirst sie öfter brauchen, als du denkst.

GESCHÄFTSKONTO

Um alles rund um deine Einnahmen und Ausgaben abzuwickeln, empfehle ich dir ein separates Geschäftskonto. Falls du ausschließlich in Aktien und ETFs investieren solltest, ergibt das jedoch wenig Sinn. Sobald es aber um Wareneinkäufe, Shop-Gebühren und Einkünfte aus Verkäufen geht, ist es definitiv angeraten! Am besten erstellst du das Konto bei einer anderen Bank, damit es auch beim Online-Banking keine Schnittstelle zwischen privaten und geschäftlichen Umsätzen gibt. Am Anfang ist es auch durchaus sinnvoll, für anstehende Ausgaben von deinem privaten Konto aus eine einmalige Überweisung auf das Geschäftskonto vorzunehmen. Eine Art Privatdarlehen also, das du in einem gewissen Zeitraum wieder auf dein privates Konto zurückzahlen kannst. Es gibt zahlreiche Anbieter kostenloser Geschäftskonten, wie N26 oder Penta.

MARKENANMELDUNG

Eine Markenanmeldung ist nicht immer obligatorisch, aber in vielen Fällen empfehlenswert, um nicht im Nachhinein angreifbar zu sein. Sobald du unter einem Brandnamen Produkte vertreibst, solltest du dir die Wort- und gegebenenfalls die Bildmarke sichern beziehungsweise überprüfen, ob dein Wunschname schon eingetragen ist und in welchen Kategorien die Marke geschützt ist. Sollten das ähnliche Waren- und Dienstleistungsklassen sein oder das Schriftbild oder das Logo grafische Ähnlichkeiten aufweisen, lass die Finger davon!

Bei Übereinstimmungen oder allzu großen Ähnlichkeiten drohen dir nämlich Abmahnung oder Rechtsstreit. Die Angreifbarkeit solltest du auch auf internationaler Ebene checken, wenn dein Name vielleicht nicht gerade *Lauras Vurst* lautet.

Solltest du das unterlassen, und es schützt jemand anders nach dir den Namen unter den Klassen, die du selbst nutzt, dann ziehst du den Kürzeren. Ein Rebranding kann teuer werden, wenn es nicht sogar dein Geschäft kaputt machen. Also lieber Vor- als Nachsicht!

Den Markenschutz kannst du in Deutschland beim Deutschen Patentamt unter www.dpma.de beantragen. Die Anmeldegebühr bei elektronischer Anmeldung (einschließlich der Klassengebühr bis zu drei Klassen) beträgt 290 €. Registriere dich wirklich nur für Klassen, die du auch wirklich nutzt, und erweitere sie lieber nochmals, sollten noch andere Zweige hinzukommen. Wenn du in Europa oder weltweit agierst, solltest du deine Marke auch international schützen lassen.

DOMAINS SICHERN

Nehmen wir mal an, du hast dich jetzt für den Markennamen *Lauras Vurst* entschieden. Die Marke hast du bereits angemeldet, und gerade möchtest du dir deine Domain sichern, damit deine KundInnen dich auch online finden. Jetzt erst siehst du, dass die Domain www.laurasvurst.de schon vergeben ist. Zugegebenermaßen sollte dir schon beim Markencheck aufgefallen sein, dass es direkte Konkurrenz gibt, auch wenn diese sich dummerweise den Namen noch nicht gesichert hat. Sollten deine KundInnen online nach dir suchen, und sie landen unter deinem Namen bei jemand anderem auf der Website, dann hast du einen verhängnisvollen Anfängerfehler gemacht.

Deshalb suche vor der finalen Entscheidung, wie deine Brand heißen soll, unbedingt zuerst nach der Domain. Für den Start reicht es, dir die .de- und .com-Domain zu sichern. Eine Domain kostet in den meisten Fällen 9 € im Jahr. Es gibt natürlich auch Domains, die deutlich teurer sind als www.wurst.de. Doch meistens sind sie schon vergeben. Aber so eine Domain braucht es auch gar nicht. Bleib bei deinem individuellen Namen und sichere dir die Domain www.laurasvurst.de. Darunter kann dann zum Beispiel dein Online-Shop verknüpft sein. Auch kannst du dir eine passende E-Mail-Adresse anlegen, wie etwa hi@laurasvurst.de. Das sieht deutlich professioneller aus als etwa laura_v94@gmx.de. Domains kaufen kannst du unter zahlreichen Anbietern. Ich habe meine immer über www.united-domains.de gekauft. Ein großer Anbieter ist auch www.godaddy.de

PHYSISCHE PRODUKTE

Verwaltungsaufwand: wenig – mittel
Dauer der passiven Einnahmequelle: kurzfristig – langfristig
Eigenkapitalbedarf: mittel

Physische Produkte gibt es schon immer und trotz der voranschreitenden Digitalisierung bleiben sie eine lukrative passive Einnahmequelle. Physische Produkte können sehr vielfältig sein, das Spektrum reicht vom eigenen Buch über Keramik bis hin zum Küchenhelfer. Die Kunst, damit passive Einnahmen zu erzielen, besteht darin, ein Produkt so einzig zu designen beziehungsweise zu kreieren, dass es sich schnell verkauft und immer wieder unkompliziert nachproduziert werden kann. Es geht um ein Produkt, das möglichst geringe Lagerkosten hat und nur kurz im Lager liegt. Ein Produkt, das nicht schlecht wird oder zu hohe Lieferkosten mit sich bringt. Der Absatz von physischen Produkten beruht meist auf einer emotionalen Kaufentscheidung. Wir brauchen dieses Produkt vielleicht nicht wirklich, finden es aber schön, praktisch oder inspirierend. Außerdem werden physische Produkte gerne verschenkt, da eine höhere Wertigkeit damit verbunden ist, ein Geschenk auch in den Händen zu halten, als nur einen digitalen Wert übermittelt zu bekommen.

Du kannst Produkte verkaufen, die du selbst herstellst, wie Kunst oder Keramik, aber auch Produkte einkaufen und sie weiterverkaufen. Deiner Kreativität sind hier keine Grenzen gesetzt. Am besten berichte ich dir einfach mal von meinen eigenen Erfahrungen mit dem Vertrieb von physischen Produkten.

Angefangen habe ich mit meinem ersten Buch für *The Life Barn*, dem Dankbarkeitstagebuch *Wofür ich dankbar bin*. Allerdings war die erste Version noch ganz anders als das Buch, das du aktuell bei uns im Shop findest. Ich selbst hatte schon lange Dankbarkeit als eine feste Achtsamkeitsroutine in meinen Alltag integriert gehabt und starke positive Veränderungen verspürt. Daher kam mir die Idee, ein Buch zu kreieren, dass dir jeden Tag die Möglichkeit gibt, einzutragen, wofür du heute dankbar bist. Ich bin absolut keine Designerin, aber das Buch war auch für mich als Laie zu erstellen. Mit *Canva* habe ich das Cover, das nicht mehr als den Titel enthält, und die bewusst minimalistisch gehaltenen Inhaltsseiten aus drei Linien für jeden Tag aufgebaut. *Canva* ist ein kostenloses Design-Tool, mit dem ihr Social-Media-Posts und Präsentationen, aber auch Bücher kinderleicht erstellen könnt. *Canva* bietet euch außerdem eine große Auswahl an Designvorlagen, derer ihr euch bedienen könnt.

Das Buch habe ich mit vier verschiedenen bunten Covern angelegt und direkt in einer Online-Druckerei als Softcover drucken lassen. Einkaufspreis je Buch: 1,50 € brutto – Verkaufspreis: 15,00 € brutto inklusive Versandkosten. Plötzlich standen in meinem Wohnzimmer Kisten mit insgesamt 2000 Büchern. Als ich diese Menge damals bestellt habe, war mir damals nicht wirklich klar, wie viele Bücher ich bald vor mir haben würde. Doch als diese sich dann mitten in meiner Wohnung stapelten, hat mich das angespornt, sie so schnell wie möglich an den Mann oder an die Frau zu bringen. Ich habe Concept-Stores und Buchhandlungen angeschrieben, Fotos des Produkts angehängt und die wissenschaftlich nachgewiesene positive Wirkung von Dankbarkeitsroutinen angepriesen. Natürlich habe ich auch zahlreiche Absagen bekommen, aber auch Zusagen, und nach und nach hat sich mein Buch in Buchhandlungen und Geschenkshops gefunden.

Parallel dazu habe ich das Buch in einem eigenen Shopify-Shop und bei Etsy verkauft. Meinen Shop habe ich mit Social Media beworben. Das Ergebnis: Alle 2000 Bücher waren innerhalb von sechs Monaten ausverkauft. Ich konnte es selbst kaum glauben. Was mir geholfen hat, war auch die Tatsache, dass ich das Buch in verschiedenen Farbvariationen zur Auswahl anbot. Hatten die Händler beim ersten Mal noch zögerlich bestellt, so hatte die nächste Order bereits mehrere oder alle Farben abgedeckt. Dadurch sind auch mehr Bücher bestellt worden, als es nur bei einer Farbe im Angebot gewesen wäre. Rückblickend wundere ich mich ehrlich gesagt, wie ich das Buch so schnell verkaufen konnte.

Meine zweite Auflage habe ich als Hardcover, hochwertig mit Leineneinband und goldener Heißfolienprägung und neu designtem Inhalt, in einer lokalen Buchdruckerei drucken lassen. Hierzu habe ich mich vor Ort durch verschiedene Weißtöne für den Innenteil und unterschiedliche Papierstärken gewühlt und mich am Ende für ein ganz bestimmtes Weiß entschieden. Außerdem musste das Papier mit jedem Stift gut beschreibbar sein und die Farbe durfte nicht auf der Rückseite durchdrücken. So viele Dinge gab es zu beachten, aber ich wollte es perfekt machen. Der Testlauf war vorbei. Die neue Version kostet nun 25,95 € (Stand 2023) im Verkauf. Aufschlussreich ist, dass die erste Auflage zu 15,00 € schneller verkauft wurde. Mehr Bücher in einer kürzeren Zeitspanne. Über die Jahre habe ich festgestellt, dass 15,00 € eine Art magische Grenze ist. Bis zu einem Preis von 15,00 € inklusive Versand wird ein Produkt schneller »mitgenommen«, egal ob im Handel oder online. Die Kaufentscheidung fällt bei diesem Preis schneller, gerade bei Geschenkprodukten. Liegt der Preis darüber, wägt eine zweite Check-up-Instanz den Kauf nochmals kritisch ab und entscheidet sich oft dagegen. Warum das so ist, kann ich nicht sagen. Heute verkaufe ich neben den Dankbarkeitstagebüchern noch weitere Bücher, Shirts und Sweater, Kartensets, aber auch Grußkarten und andere physische Produkte. Meine Papierprodukte lasse ich mittlerweile größtenteils im Ausland produzieren, da die Papierpreise in Deutschland so angestiegen sind, dass es sich für den Verkauf nicht mehr rechnet. Schade, denn der lokale Aspekt war mir immer wichtig.

Meine Baumwollsäckchen für die Affirmationskarten-Sets lasse ich beispielsweise in China bedrucken. Zu meinen Produzenten bin ich über *Aliexpress* gekommen. *Alibaba* und *Aliexpress* scheinen auf den ersten Blick minderwertige Produkte herzustellen, aber das ist meiner Erfahrung nach nicht so. Natürlich muss genau sondiert werden, welche Materialien die Produkte haben und wie sie hergestellt werden. Dazu zählen auch die Arbeitsbedingungen vor Ort.

Trotzdem hat die lokale Produktion viele Vorteile. Kurze Versandwege und damit geringere Lieferkosten, AnsprechpartnerInnen in der eigenen Sprache und im Fall des Falles mehr Sicherheit als KonsumentIn durch Gesetze, die bei uns greifen, aber nicht bei Einkäufen im Ausland. Deshalb würde ich mich bei der Wahl zwischen lokaler oder internationaler Produktion nach Möglichkeit für die lokale Produktion entscheiden.

Wenn ich für bestimmte Produkte Illustrationen oder Designs brauche, dann kaufe ich diese bei *Shutterstock* ein. Hier gibt es unzählige Motive, die gegen eine kleine Gebühr als Nutzungslizenz erworben werden können. Für das Dankbarkeitstagebuch für Kinder habe ich mit einer Illustratorin aus Deutschland zusammengearbeitet, die die Designs, auf das Buch abgestimmt, kreiert hat. Du merkst also, ich koche auch nur mit Wasser, konnte aber trotzdem ohne Design-Background schon jede Menge kreative Produkte auf den Markt bringen.

Vielleicht fragst du dich, wie auch du auf Ideen für gut verkaufbare physische Produkte kommen kannst. Dazu reicht es, wenn du ab sofort ein offenes Auge hast und darauf achtest, was du selbst suchst, aber nicht findest. So geht es mir eigentlich bei all meinen

Produkten: Ich suche selbst danach, weil ich es nutzen oder verschenken möchte, werde aber nicht fündig. Dann recherchiere ich, was die Produktion oder der Einkauf des Produkts kostet, erst mal für eine kleine Menge. Meist starte ich mit 100–200 Stück. Ich kalkuliere immer alles durch! Was sind meine Einkaufskosten inklusive Versand, für welchen Preis kann ich das Produkt verkaufen, welche Gebühren entstehen dabei? Rechne bitte immer in Netto-Werten, um gegen Überraschungen gewappnet zu sein.

Ist das Geschäft nicht lukrativ, lasse ich eine Idee auch wieder fallen, das kommt regelmäßig vor. Zum Beispiel habe ich vor Kurzem die Idee gehabt, Geschenkpapier zu produzieren, weil mir die Motive oft nicht gefallen. Aber in der anvisierten Menge waren die Versandkosten einfach zu hoch und haben meine Marge so minimiert, dass sie sich nicht rentiert hat. Das heißt nicht, dass es in einer anderen Situation nicht doch Sinn macht.

Produzenten suche ich immer als Erstes in Deutschland, dann in Europa und zuletzt in China. Ich übersetze aber keine Seiten, die nicht auf Deutsch oder Englisch programmiert sind. Sind die Produzenten bereits auf KundInnen aus Deutschland ausgerichtet, gibt es mir Sicherheit, dass sie vorbereitet sind und sich mit Versand- und Zollrichtlinien für das Produkt auskennen. Oftmals gibt es dann sogar einen internen Mitarbeiter, der Deutsch spricht. Das macht die Zusammenarbeit deutlich einfacher. Bevor ich dann eine große Stückzahl bestelle, lasse ich mir noch ein Sample schicken. Wenn das alles passt, geht es in die Produktion.

VERMARKTUNG

Ich bin ein Fan davon, ein Produkt auf unterschiedlichen Kanälen zu verkaufen. Dadurch hast du die Möglichkeit, mehr KundInnen zu erreichen. Manche sind heavy Amazon-User und kaufen von Spülmaschinentabs bis zum Geschenk für die Oma alles über diese Plattform. Andere lieben Etsy und kleine individuelle Shops. Andere Optionen finden sich beim Scrollen auf Instagram. Nimm alle Optionen wahr und schaue, was für dein Produkt am besten funktioniert. Auf diese Möglichkeiten gehe ich in den nächsten Kapiteln noch näher ein.

Genauso können Händler Interesse an deinem Produkt haben. Im Schnitt kannst du damit rechnen, dass ein Händler bereit ist, 50 % des Verkaufspreises als Einkaufspreis zu zahlen, bei Kleidung eher 40 %. Hab auch diese Zahlen im Kopf, wenn du die Kalkulationen machst. Dafür kannst du bei Händlern andere Parameter bestimmen: Mindestabnahmen etwa oder Versandkostenfreiheit ab einem bestimmten Einkaufswert. Dazu habe ich mir akribisch Excel-Tabellen mit möglichen Händlern (Concept-Stores, Buchhandlungen, Cafés mit Shop) für Deutschland und die deutschsprachigen Länder Belgien, Österreich, Schweiz und Luxemburg erstellt. In einer E-Mail habe ich meine Produkte samt meiner Brand *The Life Barn* vorgestellt, mit Informationen zu Einkaufspreis, Verkaufspreis und Bestelloptionen. Händler sind immer auf der Suche nach neuen Produkten und lieben es, ihren KundInnen etwas Neues anbieten zu können.

Genauso könnt ihr auch mit euren Produkten in der Tasche die Läden in eurer Stadt abklappern und diese vorstellen. Traut euch! Wenn ihr nicht zu eurem Produkt steht, dann läuft etwas falsch. Geht mit dem Mindset in den Laden, dass ihr das coolste, beste und schönste Produkt verkauft, das der neue Bestseller wird. Sobald ihr einmal bei verschiedenen Händlern platziert seid, macht es richtig Spaß. Es kommen regelmäßig Orders per E-Mail rein, und ihr müsst nur noch die Produkte und eine Rechnung versenden.

VERSAND

Weiter oben habe ich schon geschildert, dass ich unsere Produkte inklusive Versandkosten anbiete. Seitdem ich den Versand schon in den Preis inkludiert habe, werden kaum mehr Käufe im Warenkorb abgebrochen. Rein psychologisch hat sich der/die KäuferIn schon mit der Summe einverstanden erklärt. Wenn dann plötzlich noch 2-3 € für den Versand hinzukommen, wird der Kauf oft noch hinterfragt. Zu verwöhnt sind wir von kostenlosem Versand durch die großen Online-Shops und Marketplaces.

Für den Versand benötigst du eine passende Verpackung, in der dein Produkt sicher aufgehoben ist. Die Größe des Pakets sollte angemessen sein, es sollte nicht zu viel leeren Raum umschließen. Für Bücher nehme ich Bücherkartons, in die das Buch passgenau eingewickelt werden kann. Auch solltest du Kartonagen für Bestellungen von mehreren Artikeln und/oder für große Ordern deiner Händler haben. Ich verwende aber auch schon benutzte Kartons, der Umwelt zuliebe. Selbstverständlich kannst du das Verkaufserlebnis erweitern durch einen personalisierten Karton und dekorierten Inhalt. Jedoch ist das zu viel Aufwand, sobald du große Mengen verkaufst. Ja, es soll ein positives Erlebnis sein, das Paket zu öffnen, aber man muss es nicht übertreiben. Denn der Moment ist zu kurz, und am Ende ist es dein Produkt, das überzeugen muss. Ich versende die Produkte mit einem Flyer im Paket, der einen Gutscheincode für die nächste Bestellung enthält. Außerdem mit einem Aufkleber mit unserem Logo auf der Außenseite. Kleidungsstücke werden zusätzlich in Seidenpapier eingewickelt.

Am Anfang ist es noch ganz schön, die Bestellungen selbst zu verpacken. Hier allerdings ein kleiner Reminder: Wir wollen ja passiv Geld verdienen. Du möchtest nicht immer vor Ort sein müssen, um Versandziele einzuhalten. Denn genau dann, wenn du im Urlaub bist, werden ganz bestimmt viele Bestellungen auf einmal reinkommen. Du kannst deine Produkte in ein Fulfillment geben, das den Versand übernimmt. Allerdings wird hier jeder Handschlag extra berechnet. Jeder Flyer, jeder Sticker, jede Retoure, alles ist mit Extrakosten verbunden. Überlege dir wirklich, ob das Sinn macht. Ich arbeite mit StudentInnen zusammen, die je nach Bedarf zwei- bis dreimal die Woche zum Lager gehen und die Bestellungen verpacken und versenden.

Meine Produkte sind in einem Office von Freunden gelagert, die noch einen freien Kellerraum haben. Hier zahle ich eine monatliche Miete von 150 €. Das Büro ist mit einer App verbunden, über die die Tür geöffnet werden kann. Theoretisch können meine Bestellungen Tag und Nacht verpackt werden. Ich habe keine weiteren Fixkosten, sondern nur variable Kosten, die mit dem Verkauf anfallen. Meine StudentInnen können beim Arbeiten einen Podcast hören und die Bestellungen flexibel packen.

KRITISCHE EINORDNUNG

Bei jedem Produkt, egal ob physisch oder digital, läufst du Gefahr, dass niemand Interesse an deinem Produkt hat. Das ist wirklich das Worst-Case-Szenario, schlimmer kann es nicht kommen. Damit geht auch der Verlust der Einkaufskosten und bereits getätigter Vermarktungskosten einher. Deswegen empfehle ich dir, erst mal mit einer geringen Stückzahl zu starten, sodass du einen Verlust verkraften kannst.

Bei mir sind auch nicht alle Produkte durch die Decke gegangen. Vor allem waren es oft Produkte, von denen ich glaubte, dass sie Bestseller werden könnten. Andere dagegen, die ich nur als nice-to-have einschätzte, wurden meine meistverkauften Produkte. So habe ich ein Affirmationskarten-Set für Erwachsene kreiert, das eine sehr moderne Aufmachung hat und instagramable ist. Das ist im Direktverkauf noch einigermaßen gut weggegangen, auf Plattformen wie Amazon hingegen ist es in der Masse verschwunden. Warum das so ist, lässt sich meist nur schwer beantworten. Auf dem Markt ist bereits viel Konkurrenz, der Algorithmus der Werbeanzeigen hat das Produkt nicht gepusht und womöglich hat das Design doch nicht die breite Masse überzeugt. Ganz anders lief es dagegen beim Affirmationskarten-Set für Kinder, das ich gleichzeitig herausgebracht habe. Dieses Produkt ist aus einem Gefühl des »Das nehme ich einfach mal mit« heraus entstanden – und zu einem meiner meistverkauften Produkte geworden.

Fun-Fact: Mittlerweile gibt es drei Brands, die das Produkt eins zu eins kopiert haben. Die Illustrationen habe ich von Shutterstock, dementsprechend kann auch jeder andere sie kaufen und nutzen. Nur dass sie in diesem Fall wirklich genau für dieselben Karten, in der identischen Ausführung und mit ebenso einem Baumwollsäckchen genutzt werden. Das ist etwas, das dir immer wieder passieren kann, selbst wenn es nicht die gleichen Designs sind. Mein Vorteil ist hier der Zeitvorsprung. Ich konnte schon zahlreiche Fünf-Sterne-Bewertungen auf Amazon und Etsy sammeln, die zur Kaufentscheidung zugunsten des Artikels aus meinem Shop beigetragen haben. Trotzdem gilt es, flexibel zu bleiben und auch ein Produkt mal nicht mehr weiter zu produzieren, wenn es aus welchen Gründen auch immer nicht (mehr) gut verkauft wird. Trends kommen und gehen und die Konkurrenz schläft nicht. Wichtig ist, dass du dir in dem Zeitraum, in dem dein Produkt gefragt ist, eine organisch wachsende und zufriedene Kundschaft aufbaust, die aufgrund einer sehr guten Customer-Experience auch weitere Produkte wieder bei dir kaufen möchte.

ONLINE-SHOP, MARKETPLACES & DROPSHIPPING

Verwaltungsaufwand: wenig – mittel
Dauer der passiven Einnahmequelle: kurzfristig – langfristig
Eigenkapitalbedarf: wenig – mittel

Es mag zwar oldschool klingen, aber ja: Passives Einkommen lässt sich auch durch einen eigenen Online-Shop erzielen, in dem du deine eigenen oder die Produkte von anderen Herstellern verkaufst. E-Commerce wächst stetig weiter, KundInnen bestellen heutzutage nahezu alles online.

Beim Online-Shopping gibt es verschiedene Einkaufstypen. Und es gibt auch KundInnen, die sich auf allen möglichen Plattformen tummeln. Stellen wir uns mal Thomas vor, der alles bei Amazon bestellt und über seine Prime-Mitgliedschaft kostenlosen Versand bekommt und dadurch komplett gebunden ist. Er würde niemals bei der Brand direkt bestellen und diese nicht mal suchen. Er liebt es pragmatisch und öffnet für alles, was er braucht, ausschließlich Amazon im Browser. Dagegen haben wir Lisa. Sie liebt persönliche Geschenke und kann sich am besten mit individuellen Brands identifizieren. Sie meidet Amazon und den großen Konsum. Am liebsten kauft sie Geschenke bei Etsy oder direkt bei Brands im Shop, die sie über Social Media entdeckt hat.

Das sind nur zwei Beispiele. Stell dir vor, du würdest deine Produkte nur auf einer der Plattformen vertreiben. Du würdest potenzielle KundInnen niemals erreichen können, weil sie woanders unterwegs sind. Manche Produkte funktionieren auf Amazon besser, andere wiederum auf Etsy oder anderen Marketplaces oder im eigenen Shop. Jede E-Commerce-Plattform bringt ihre Vor- und Nachteile mit sich. Lass uns diese mal genauer anschauen.

Damit dein Online-Shop erfolgreich ist, musst du eine Nische finden, in der noch ein kuratierter Online-Shop fehlt. Eine Art Feinkostgeschäft einer bestimmten Branche. Zum Beispiel für nachhaltige Geschenke, Kinderprodukte von Designerlabels, lokale Produkte aus der beliebtesten Urlaubsregion, Accessoires für den Arbeitsplatz, DIY-Produkte ...

ONLINE-SHOP

Bei einem klassischen Online-Shop-Modell kaufst du die Artikel selbst ein und versendest sie. Diese Option möchte ich schon mal von vornherein ausschließen. Ein eigener Online-Shop lohnt sich nur, wenn es deine eigenen Produkte sind oder du zusätzlich ein Ladengeschäft hast. Ansonsten musst du bei jedem Einkauf für deinen Online-Shop abwägen, was wohl gut laufen wird, und die Ware lagern. Im Worst Case musst du die Ware für den Einkaufspreis oder weniger im Sale verschleudern. Das wollen wir nicht. Wir befassen uns lediglich mit dem Fall, dass du deine eigenen Produkte verkaufst oder Dropshipping betreibst. Das kannst du übrigens auch in Kombination machen.

Wenn es um deine eigenen Produkte geht, musst du nur deine eigene Ware lagern und versenden. Du hast diese ja sowieso gelagert, da du sie im besten Fall auf verschiedenen Kanälen verkaufst, etwa über den eigenen Online-Shop, Etsy, Dropshipping und Amazon. Wie du das kostengünstig machen kannst, habe ich dir im letzten Kapitel schon erzählt.

So oder so sollten die Produktfotos einheitlich und ansprechend sein. Ich selbst bin fotografisch nicht wirklich begabt und gebe das gerne ab. Es gibt zahlreiche Produktfotografen, die nicht teuer sind. Ich zahle meist 80 € für zehn Fotos, deren Inhalt ich vorher genau bestimmt habe. Amazon hat spezielle Richtlinien, wie die Fotos auszusehen haben. Das Titelbild muss vor weißem Hintergrund fotografiert worden sein und das Produkt mindestens 80 % des Bildes füllen. Für meinen eigenen Shop nutze ich gerne Mood-Fotos, welche die Situation einfangen, in der man den Artikel am Ende nutzt.

MARKETPLACE

Wenn du auf einem Marketplace verkaufst, profitierst du von dem bereits etablierten Kundenstamm in dieser Nische oder vom allgemeinen Bekanntheitsgrad dieses Marketplace. Den größten kennen wir alle: Amazon. Dazu gibt es noch ein gesondertes Kapitel. Es gibt aber auch für verschiedene Branchen kleinere, jedoch nicht sehr viel unbedeutendere Plattformen, bei denen du gelistet sein kannst. Diese kaufen dir die Ware direkt zu Einkaufspreisen ab. Der Einkaufspreis ist natürlich nur ein Bruchteil des Verkaufspreises für den Direktverkauf an den Endkunden, je nach Produkt und Branche meist um die 40–60 % vom Verkaufspreis. Allerdings nehmen sie dir auch höhere Stückzahlen ab. Den unsichtbaren Marketingeffekt, den du durch die Reichweite erzielst, solltest du keinesfalls unterschätzen.

ODER EINFACH DROPSHIPPING?

Noch viel einfacher: Du kreierst einen Online-Shop, auf dem du Produkte mit Dropshipping verkaufst. Dropshipping bedeutet, dass du die Produkte anbietest, ohne sie selbst auf Lager zu haben oder selbst zu versenden. Das erspart dir lästige Probleme, mit denen jeder Online-Shop heutzutage zu kämpfen hat: hohe Lagerkosten, teure Fulfillments oder Retourenmanagement.

Das Gute daran: Du kannst bei Shopify deinen Online-Shop mit der Warenwirtschaft eines anderen Shopify-Shops verknüpfen. Die Schnittstelle erlaubt es dir, unkompliziert Produkte eines anderen Shops auf deinem Kanal zu vertreiben. Beim Verkauf bekommt sowohl du als auch der Shop-Inhaber des verkauften Produkts eine Mitteilung. Die Artikel werden von den Händlern selbstständig verschickt. Du selbst hast weder Lager- noch Produktkosten. Du bist eine Art Vermittler für die Transaktion. Für Händler ist diese Art von Vertrieb durchaus interessant. Sie ist ein weiterer Marketingkanal, den sie mit einer fixen Marge je Verkauf (und nur bei Verkauf!) vergüten. Bei Werbung, die sie schalten, zahlen sie dagegen pauschal, egal wie viele Käufe generiert werden.

Ganz simpel: Du bietest die Plattform, bringst KundInnen zu deinem Online-Shop und verdienst bei jedem Verkauf eine Marge von 15–25 % vom Verkaufspreis mit. Manch eine Verkaufsplattform verlangt eine Aufnahmegebühr von 50–100 €. Da du Händlern aber nicht versprechen kannst, ob sich die Produkte gut verkaufen, würde ich dir davon abraten. Plane stattdessen lieber eine höhere Marge ein. Du selbst kannst bestimmen, welche Produkte der bei dir gelisteten Händler auf deinem Marketplace vertrieben werden. Das muss nicht die gesamte Produktpalette sein. Sei hier ruhig wählerisch, um die Auswahl exklusiv zu halten.

Ich selbst nutze Dropshipping anders herum. Der Online-Shop von *The Life Barn* vertreibt nur die eigenen Produkte. Dafür sind meine Produkte im Angebot von anderen Dropshipping-Shops, wie zum Beispiel *Selekkt* oder *Arive*, und ich nutze diese als Marketing-Multiplikator für meine Produkte. Ihre KundInnen wären sonst vielleicht nie auf meine Produkte aufmerksam geworden und das Marketing dieser Shops hat sie zum Kauf meiner Produkte animiert. Das ist niemals ein exklusiver Vertriebsweg für deine Produkte, aber nice-to-have, wenn es neue KundInnen zu dir bringt, die bei der nächsten Bestellung dann vielleicht direkt bei dir bestellen. Denn vergiss nicht: In diesem Falle versendest du ja selbst. Natürlich platziere ich in solchen Sendungen dann auch einen Flyer mit einem kleinen Gutscheincode für den nächsten Einkauf bei uns im Shop.

KALKULATION UND UMSETZUNG

Bevor du loslegst, solltest du erst mal recherchieren, welche Nische noch einen Online-Shop brauchen kann und was an Kosten und Zeit anfällt im Verhältnis zu möglichen Einnahmen. Einen Online-Shop kannst du kinderleicht selbst über Shopify aufziehen. Es gibt zahlreiche Vorlagen, die du individuell nach deinen Bedürfnissen anpassen kannst. Zahlungsmethoden wie *Paypal*, Kreditkarte und *Apple Pay* sind einfach einzurichten.

In der Kalkulation darf natürlich auch die aktive Arbeitszeit nicht fehlen, die du in das Fundament investieren musst. Wie viele Stunden steckst du in die Webshop-Entwicklung, das Anschreiben von Händlern, das Aufsetzen von Verträgen, Marketing ...? Wie immer solltest du die Ausgaben lieber etwas größer kalkulieren, um unangenehme Überraschungen zu vermeiden. Mit welchen Kosten bemisst du deine Arbeitsstunde? Am Ende solltest du deine in Vorleistung erbrachte Arbeit schnell wieder erwirtschaftet haben. Vergiss außerdem nicht die laufenden Kosten, die für dich entstehen. Du hast mindestens die Shopify-Gebühren von 29 Dollar monatlich auf der Payroll, alles weitere ist optional, wie MitarbeiterInnen, die dich bei Marketing und administrativen Arbeiten unterstützen. Ein reines Dropshipping-Modell ist im Vergleich zu einem Online-Shop mit Fremdprodukten, Lagerkosten, Versandmaterialien und Verpackungsaufwand sehr günstig.

Aktive Arbeitszeit fällt dann nur noch durch Aktualisierung des Angebots, Instandhaltung und Marketing an. Wie oft du deinen Shop mit neuen Produkten aktualisieren möchtest, ist dir selbst überlassen. Meist kommen die Händler selbst auf dich zu, wenn es neue Produkte in ihrem Portfolio gibt, oder weitere Anbieter werden auf dich aufmerksam und möchten bei dir verkaufen. Ich empfehle dir, dich einmal im Monat mit den neuen Produkten der bisherigen Händler zu befassen und zu entscheiden, welche du zusätzlich bei dir anbieten möchtest. Neue Händler können auf eine Warteliste verwiesen werden, bei der sie sich bewerben können. Diese kannst du zum Beispiel mit *Typeform* oder *Google Formulare* einrichten und die wichtigsten Parameter in einem Fragebogen abfragen. Automatisiere den Onboarding-Prozess, indem du nach einem persönlichen Gespräch alle wichtigen Informationen in einer E-Mail gebündelt bereitgestellt und einen Standardvertrag für die Zusammenarbeit aufgesetzt hast. Die Abrechnung der Verkaufsprovision fällt monatlich und am besten per Lastschrifteinzug an. Den Rechnungsversand kannst du automatisieren oder outsourcen. Gibt es zusätzliche Angebote, die du saisonal anbieten möchtest? Black Friday, Muttertag, Weihnachten könnten Tage sein, an denen es Rabatte gibt, die du natürlich auch sichtbar machen möchtest.

Lass uns konkret mögliche Umsätze von Dropshipping anschauen. Bevor du loslegst, solltest du auch für dich kalkulieren, welche Erträge hier möglich sind.

Gehen wir von einem durchschnittlichen Produktpreis von 15,00 € aus. Bei einer Provision von 20 % macht das 3,00 €. (Wir gehen immer von Nettopreisen aus.) Du müsstest im Schnitt 1000 Verkäufe abschließen, um einen Umsatz von 3000 € zu generieren. Gehen wir mal davon aus, dass du 100 verschiedene Produkte im Sortiment hast, dann müsste jeder Artikel zehnmal verkauft werden.

Ein weiteres Beispiel: Der durchschnittliche Produktpreis liegt jetzt bei 30,00 €. Deine Provision beträgt 15 %, was 4,50 € pro Verkauf ergibt. Mit ⅔ der Verkäufe, also nur 667 Stück, erreichst du das gleiche Umsatzziel von 3000 € im Monat.

Daran siehst du also, an welchen Stellschrauben du drehen kannst, um dein persönliches Geschäftsmodell zu optimieren.

KUNDEN UND MARKETING

Deine Hauptaufgabe, neben der Pflege und Erweiterung des Angebots deines Online-Shops, besteht in der Kundengewinnung. Befasse dich also mit deinen Zielgruppen. Für wen ist der Online-Shop? Wer kauft hier ein? Welche Plattformen nutzen deine KundInnen? Passe dein Design an sie an, pflege deine Social-Media-Profile und schalte gegebenenfalls Werbung für deinen Shop. SEO (Search Engine Optimization), die Suchmaschinenoptimierung, kann dir ebenfalls helfen. Gerade am Anfang kann es mühselig sein, auf sich aufmerksam zu machen. Auch Influencer-Marketing kann für dich von Vorteil sein. Solltest du auf einem der Gebiete nicht weiterkommen, dann zieh dir einen Experten zurate. Gefunden zu werden, ist der entscheidende Faktor für das Gelingen. Gib zunächst lieber Geld aus für einen SEO-Experten oder Social-Media-Support als für das Outsourcing von organisatorischen Aufgaben. Denn es lohnt sich! Du kannst ohne schlechtes Gewissen einen Teil des Geldes, das du durch den Wegfall von Lager- und Versandkosten sparst, in das Marketing stecken. Probiere hier aus, was für dich und deine Nische am besten funktioniert. Meistens ist es eine Kombination aus mehreren Marketingkanälen.

OUTSOURCEN

Wie bei allen passiven Einnahmequellen kannst du dich in Details und Perfektionismus verlieren. Wie immer gilt es, mit minimalem Aufwand maximalen Ertrag zu erzielen. Du entscheidest, welche Social-Media-Kanäle du bespielst, wie oft es Kampagnen gibt, in welcher Frequenz neue Produkte dein Angebot ergänzen oder neue Händler aufgenommen werden. Halte den Aufwand möglichst gering und kalkuliere realistisch, wie viel Zeit all diese Themen pro Monat in Anspruch nehmen und was deine Zeit dir wert ist. Es könnte sinnvoll sein, dass du einen Freelancer ins Boot holst, der dir die Arbeit abnimmt, und du dich nur noch um die Kuratierung des Angebots kümmerst. Ab welchem Zeitpunkt ein Freelancer sinnvoll ist, lässt sich pauschal nicht bestimmen. In jedem Fall dann, wenn dein Fundament steht und es nur noch um ausführende aktive Arbeiten geht. Gerade Kundenservice, Social Media und Marketing-Optimierung dürfen abgegeben werden, sobald alles steht. Ich wiederhole mich gerne: Egal für welche passive Einnahmequelle du dich entscheidest: Es soll kein Hobby werden, denn davon hast du genug. Es geht darum, dass du dir sprudelnde Quellen erschließt, die dich mit Leichtigkeit mit Geld versorgen.

KRITISCHE EINORDNUNG

Ich bin und bleibe ein Fan von Online-Shops. Aber smart bitte! Mein Online-Shop ist nicht nur direkter Vertrieb, sondern auch Aushängeschild für meine Brand und digitaler Produktkatalog für meine Händler. Neue potenzielle Händler schauen sich natürlich erst mal mein Portfolio an und interessieren sich für die Geschichte der Brand, bevor sie ordern. Auch bei digitalen Inhalten kann ein Online-Shop eine gute Übersicht über die Produkte geben. Solltest du keine eigenen Produkte haben, sollte dich das trotzdem nicht davon abhalten, einen eigenen Shop zu haben. Dropshipping kannst du von jedem Platz auf dieser Erde aus anbieten.

Vergiss aber nicht, dass es einen konkreten Anreiz dafür gibt, warum ich bei dir bestellen sollte und nicht bei einem anderen Angebot. Hinterfrage, wann du dich für einen kleinen Marketplace entscheidest und nicht für Amazon. Bei mir ist es meist die Auswahl von mehreren Produkten, die mich interessieren, und die Inspiration zu Produkten, auf die ich sonst nicht gestoßen wäre. So habe ich schon mallorquinische Spezialitäten und Wein aus einem darauf spezialisierten Online-Shop gekauft und dabei mehr gefunden und gekauft als ursprünglich geplant. Vielleicht bietest du auch Add-on-Services an, die es sonst nicht gibt, wie eine Personalisierung der Produkte. Überdenke dein Konzept gut, es muss schlüssig sein. Aber dann macht es richtig Spaß und kann eine richtige Cashcow werden. Bleib am Ball und habe ein Auge für Produkte, die dein Portfolio gewinnbringend erweitern.

DIGITALER CONTENT

Verwaltungsaufwand: wenig – mittel
Dauer der passiven Einnahmequelle: mittelfristig – langfristig
Eigenkapitalbedarf: wenig – mittel

PERSÖNLICHE WEITERENTWICKLUNG UND WISSEN

Wir Menschen sind neugierig, wollen uns konstant weiterentwickeln. Lebenslanges Lernen gewinnt immer mehr an Bedeutung, sei es im beruflichen Kontext oder auf persönlicher Ebene. Vor allem informelle Weiterbildung ist auf der Überholspur. Dabei handelt es sich um das Lernen in Eigenverantwortung, das nicht unbedingt zu einem Abschluss oder einer Zertifizierung führt. Spätestens seit der Corona-Pandemie ist es Gewohnheit geworden, dass wir online Yogakurse absolvieren, kochen lernen oder passive Einnahmequellen zu unserer neuen Superpower machen. Online lernen ist das *new normal*. Trau dich, auch dein Wissen mit der Welt zu teilen, es wird gebraucht!

DEIN KAPITAL

Zu welchem Thema kannst du Erfahrung und Wissen teilen? Auf welchem Gebiet bist du ExpertIn? Erlaube dir hier, selbstbewusst zu denken. Du musst das Rad nicht neu erfinden oder in dem Bereich einen Abschluss haben. Es kann durchaus etwas mit einem Hobby oder eigenen Erkenntnissen zu tun haben. Vielleicht fährst du begeistert Rennrad und kannst anderen beibringen, worauf sie beim Rennradkauf achten müssen, wie sie es pflegen und reparieren sollten, und die besten Touren und Routen teilen. Oder es ist die Liebe zu gesunden und veganen Gerichten, die du in digitalen Kochkursen weitergeben möchtest. Auf alle Fälle ist es wichtig, dass deine Inhalte bereits aufgenommen sind, wenn du sie verkaufst. Live-Online-Kurse sind eine weitere Möglichkeit, dabei generieren wir aber keine passiven Einnahmen. Ziel ist es, dass deine KundInnen dein bereits produziertes Produkt kaufen, es aber genauso wertvoll und attraktiv bleibt wie ein Live-Online-Kurs.

INHALT

Lass uns im ersten Schritt eine Struktur entwickeln, bevor du anfängst, Videos oder Kurse abzudrehen. Definiere für dich genau, welchen Mehrwert du mit deinem Content für deine zukünftigen KundInnen schaffen möchtest. Mit welchem Wissen möchtest du deine Community bereichern? Schreibe dir auf, welche generellen Themen infrage kommen könnten, ebenso dazu passende Unter- und Spezialistenthemen. Du wirst schnell merken, dass du viel mehr zu erzählen hast, als du vorher vielleicht gedacht hast.

Dein Hauptthema ist zum Beispiel Rennradfahren. Darunter fallen Unterthemen wie Rennradkauf, -pflege, -reparatur und Routen. Das letztere Unterthema ließe sich dann etwa nach Routenlänge, Höhenmetern, Region oder Fahrlevel unterteilen.

Es gibt verschiedene Möglichkeiten, dein Wissen zu teilen. Du kannst deinen digitalen Content in Form einzelner Videos verkaufen, einen ganzen Kurs mit mehreren Sequenzen daraus machen oder eine Kombination aus bereits abgedrehten Videos und wöchentlichen, monatlichen oder einmaligen Live-Calls mit einzelnen TeilnehmerInnen oder mit der gesamten Gruppe anbieten.

Eine weitere Option ist die Kreierung eines Mitgliederbereiches, was aber erst Sinn macht, wenn du dir bereits eine eigene Community aufgebaut hast. Hier kannst du eine monatliche Gebühr verlangen, die geringer ist als ein ganzer Kurs. Dabei fütterst du den exklusiven Mitgliederbereich immer wieder mit neuen Inhalten, die dafür sorgen, dass einerseits deine Bestandskunden weiterhin Mitglied bleiben wollen und andererseits neue Mitglieder angelockt werden, sich für den exklusiven Content zu registrieren. Wichtig ist, dass es eine Diversität an Angeboten gibt (die müssen nicht alle von Anfang an vorhanden sein, sondern dürfen sich über die Zeit ergeben), damit für jeden etwas dabei ist.

Natürlich ist ein teureres Angebot auch mit einer gewissen Exklusivität verbunden. Mein Podcast-Kurs kostet beispielsweise 88 €, mein sechsmonatiges Eins-zu-eins-Coaching dagegen 4444 €. Das ist aber auch absolut gerechtfertigt, da die Komplexität eine andere ist. In einem persönlichen Eins-zu-eins-Coaching kann ich natürlich konkret auf die Situation meines Coachees eingehen, in einem Kurs nicht. Trotzdem sind beide Angebote inhaltlich on point.

Du merkst, es gibt wirklich zahlreiche Modelle, wie du deine Inhalte anbieten kannst. Dabei ist keine Option richtig oder falsch, gut oder schlecht. Es kommt alleine darauf an, dass das Konzept zu dir passt und authentisch ist. Bündle lieber weniger Content in einem Produkt, als zu viele Themen in einem Angebot anzuschneiden und am Ende auf keines wirklich profund eingehen zu können. Du wirst viel mehr KundInnen für deinen Content finden, wenn er auf eine spezielle Nische zugeschnitten ist, als wenn er an der Oberfläche schwimmt und du versuchst, möglichst viele Facetten zu bearbeiten. Entscheide dich am Anfang für ein Kick-off-Produkt, das den Einstieg in die Thematik ermöglicht. Wenn das gut läuft, kannst du in Zukunft tiefer in die Thematik, angepasst an die Nachfrage deiner Community, einsteigen.

Zurück zum Beispiel Rennrad: Biete lieber einen einzelnen Kurs zur Fahrradpflege an als einen kompakten Kurs inklusive Tipps zum Fahrradkauf, Reparaturanleitungen und Fahrradtouren. Warum? Verschieße dein Pulver nicht auf einmal.

KALKULATION UND PREIS

Damit kommen wir schon zum nächsten wichtigen Punkt. Wenn du für dich herausgefunden hast, was dein Herzensthema ist, dann gilt es, für dich zu definieren, welches monetäre Ziel du verfolgst. Benenne für dich eine Summe, die du in einem konkreten Zeitraum mit dem Verkauf deines digitalen Produkts verdienen möchtest. Wie viel sind dir deine Expertise und dein Wissen wert? Welche Gegenleistung erwartest du? Bitte erlaube dir hier, selbstbewusst zu sein und deinen Wert realistisch zu bestimmen. Natürlich hast du kein neues Produkt entwickelt, und das, was du weißt, ist kein geheimes Wissen. Das musst du aber auch gar nicht. Menschen sind bereit, dafür zu zahlen, dass sie eine Abkürzung gehen können. Dass sie nicht Bücher wälzen müssen, Fehlversuche starten, dabei womöglich Geld und Zeit verlieren. Ich empfehle dir bei der Preisfindung immer, in Nettopreisen für dich zu kalkulieren. Dann kommt es am Ende nicht zu bösen Überraschungen, was deine Einnahmen betrifft. Theoretisch ist jeder Preis möglich, aber es gibt ein allgemeines Gefühl, was man für bestimmte Produkte zu zahlen bereit ist. Gerade wenn deine Community noch im Aufbau ist, gewährt sie dir mit der Vorab-Bezahlung einen großen Vorschuss an Vertrauen. Ist der Preis zu hoch oder zu niedrig, könnten deine KundInnen skeptisch werden, und sie kaufen eventuell nicht.

Kalkulation und Preis

Kalkuliere im zweiten Schritt, wie viele Stunden Vorbereitung, Planung, Drehen, Schneiden, Hochladen, Bewerben und Beantworten von Nachrichten dich der Kurs vermeintlich kosten wird. Dieser wichtige Parameter ist deine Vorleistung und aktive Arbeitszeit, die du in dein Fundament investierst. Das ist erst mal eine grobe Schätzung, gehe hier aber lieber von einer pessimistischen Kalkulation aus. Womöglich kommen noch zusätzliche Kosten, die du nicht einkalkuliert hast, auf dich zu. Equipment, Technik oder externe Dienstleister – all das sind erst mal beträchtliche und wichtige Ausgaben. Denn je nachdem, welchen Preis du für deinen Inhalt verlangst, ist dieser auch an eine bestimmte Qualität gekoppelt.

Dabei reden wir nicht nur vom bloßen Inhalt, sondern auch von Ton, Bild, Licht und dem Setting, überhaupt vom Gesamteindruck der Präsentation. Es macht natürlich viel mehr her, wenn du deine Rennrad-Videos in einer hellen Werkstatt und in einer Naturumgebung filmst, als wenn du dies im dunklen Keller tust. Sollten dafür Kosten entstehen, sind diese erst mal Investitionen in dein Projekt und deswegen auch in Ordnung. Aber übertreibe es nicht für den Anfang. Du brauchst kein fünfköpfiges Kamerateam und ein hochprofessionelles Lichtset. Es gibt super Mikros, die du dir an die Klamotten klipsen kannst und die per Bluetooth funktionieren. Eine Kamera kannst du dir auch leihen und zwei Dauerlichter zum Ausleuchten sind wunderbar. Den Hintergrund kannst du so bestücken, dass er Atmosphäre schafft, aber nicht von dir und vom Inhalt ablenkt.

Beim letzten Schritt der Kalkulation gilt es, der Realität ins Auge zu blicken. Wie oft musst du deinen Content mindestens verkaufen, damit du deine Kosten decken kannst? Berechne außerdem, wie viel du verkaufen musst, damit du deine Wunscheinnahmesumme erreichen kannst. Klingt das Ergebnis für dich machbar? Hast du das Gefühl, deine Kalkulation fühlt sich für dich stimmig an? Vielleicht musst du an manchen Stellschrauben nochmals drehen. Den

Preis anheben oder die Kosten senken. Habe Ansprüche an dein Produkt, aber sei nicht so perfektionistisch, dass es dich am Ende vom Loslegen abhält.

Langfristig ergibt es Sinn, dir ein Produktportfolio so aufzubauen, dass die einzelnen Bestandteile aufeinander aufbauen. Mit Modulen kann man tiefer in die einzelnen Themen einsteigen. Eine Eins-zu-eins-Beratung ist natürlich kostenintensiver als ein bereits abgedrehter Kurs. Es darf für jede Preisklasse etwas dabei sein, und die Angebote dürfen sich hinsichtlich Umfang und Aufwand und der damit verbundenen Leistungen durchaus voneinander unterscheiden.

0-€-PRODUKTE

In der digitalen Welt gibt es viele Angebote gratis. Ich muss dich leider davor warnen, denn die Absicht dahinter ist nicht, dass dir jemand seine Zeit und sein Wissen schenken möchte. Meist geht es darum, schnell an E-Mail-Adressen zu kommen, an die dir dann kostenpflichtige Angebote geschickt werden. 0-€-Angebote können ein netter Teaser sein für deine Produkte, deine Expertise und vor allem deine Persönlichkeit. Von wem wir lernen möchten, ist immer noch eine Entscheidung, die auch von einem persönlichen Match abhängt. Fraglich ist, ob du mit einem 0-€-Angebot wirklich so viel Mehrwert bieten kannst, dass du dein Pulver nicht verschießt, aber deine KundInnen auch nicht unzufrieden sind. Diese Balance musst du finden.

Ansonsten rate ich immer von »etwas umsonst machen« ab. Geld ist ein Austausch gegen deine Zeit, dein Geld, deine Expertise und deine Leistung. Das darfst, nein, das musst du dir sogar bezahlen lassen. Sonst gibt es beim nächsten Mal nicht mehr die Bereitschaft, dafür etwas zu zahlen.

KUNDINNEN UND KAUFBEREITSCHAFT

Überlege dir genau, wer deine WunschkundInnen sind, die dein Produkt kaufen. Mir hat es immer geholfen, eine oder mehrere Personas zu erstellen. Dabei beschreibst du bildlich das Auftreten, wichtige Eigenschaften und natürlich das Konsumverhalten dieses Stereotyps. Du kannst dir sogar ein Bild dazu malen oder ausdrucken, wie diese Person aussehen mag, um es noch realer werden zu lassen.

Hier möchte ich mit dir ein Beispiel aus der Zeit teilen, als ich mein Yogastudio gegründet habe. Mein erster Gedanke war, dass meine Wunsch-Yogis 20 bis 30 Jahre alt sind, hip, sportlich, ernährungsbewusst und offen für neue Kulturen und Orte. Die Vorstellung, dass sich in meinem Studio Menschen wie ich tummeln, hat sich für mich stimmig angefühlt und ein bisschen nach Abhängen mit Freunden. Schnell habe ich aber begriffen, dass die coolen und ungebundenen Yogis keine große Zahlungsbereitschaft für eine Yogaklasse für 16–20 € pro Stunde haben. Einerseits wollte ich junges, dynamisches Publikum, passend zu unserem modernen Angebot, doch andererseits zog ich mit meiner Vision StudentInnen und PraktikantInnen an. Das passte nicht wirklich zusammen.

Daraus ist meine Wunsch-Yogi Brigitte entstanden. Von der Persona Brigitte erzähle ich heute noch gerne in meinen Masterclasses, da ich nur Gutes damit verbinde und die Idee von Brigitte ein Eye-Opener für mich war. Sie war in meiner Vorstellung eine 40- bis 50-jährige körperbewusste Frau, die mitten im Leben steht, sei es im Job oder in der Familie. Falls sie Kinder hat, sind diese aus dem Gröbsten raus, und sie hat endlich wieder Zeit, sich um sich und ihre eigenen Bedürfnisse zu kümmern. Brigitte liebt mein Studio, weil es sauber und ordentlich ist, modern und westlich orientiert, es duftet nach angenehmen Aroma-Ölen und die LehrerInnen sind professionell ausgebildet. Da sie über ein regelmäßiges Einkommen verfügt, und das auch schon länger als meine Yogis Ende zwanzig, ist sie mehr als bereit, den oben genannten Preis für eine Yogastunde zu zahlen. Tendenziell auch mehr, als vielleicht das durchschnittliche Yogastudio verlangt, da wir uns als Boutique-Studio etabliert haben.

Am Ende hatten wir eine perfekte Mischung aus studentischen Yogis und Brigittes. Die Brigittes haben Kurse, Karten und Abos direkt über unser Studio erworben, die jungen Yogis hatten meist eine Urban-Sports-Mitgliedschaft, die ihnen maximale Flexibilität bot und uns zwar weniger Einnahmen, aber dafür auch zu Nicht-Primezeiten volle Kurse bescherte.

Ich möchte dir mit diesem Beispiel verdeutlichen, wie wichtig es ist, dass du deine zukünftigen KundInnen siehst, verstehst und beschreiben kannst. Das macht es für dich leichter, dich in deiner Gestaltung, Sprache und Vermarktung darauf auszurichten. Stell dir bei jedem deiner Schritte vor, dass du genau diese Persona gerade adressierst.

PLATZIERUNG UND MARKETING

Wir kommen jetzt zum wichtigsten Schritt. Du hast deinen Content abgedreht und möchtest diesen jetzt platzieren, sodass er auch gefunden und gekauft werden kann. Gleichzeitig möchtest du die Kosten für dich so gering wie möglich halten. Je nachdem, wie lang und umfangreich dein digitales Produkt ist, kann es sehr viel Speicherplatz benötigen. Du brauchst einen Server, auf dem du deinen Content hosten kannst. Ich empfehle dir, dies so zu gestalten, dass es für deine Kunden nicht möglich ist, die Videos herunterzuladen, sondern nur, sich diese anzusehen. Eine Plattform wie *Vimeo* bietet dir die Möglichkeit, deine Videos hochzuladen, sie aber nicht öffentlich zu listen. Zudem bleibt die Qualität der Videos hoch, und sie werden werbefrei abgespielt. Die Kosten liegen bei *Vimeo Pro* bei 159 € im Jahr. Achtung: Es kann sein, dass die Kosten für dich noch höher liegen, weil du mehr Speicherplatz brauchst. Kalkuliere das in jedem Fall mit ein. Auch empfehle ich dir, direkt eine Jahresmitgliedschaft abzuschließen, da du sowieso mittel- bis langfristig den Verkauf deiner Videos planst und du dadurch Kosten sparst. Alternativ kannst du erst mal ein bis zwei Monate lang monatlich abrechnen und analysieren, wie deine Verkäufe laufen, um dann eine jährliche Mitgliedschaft abzuschließen. Du kannst ganz individuell einstellen, wer deine Videos sehen kann, und sie in deine Website integrieren.

Alternativ gibt es auch bei *YouTube* die Option für nicht öffentliche Videos. Außerdem wird oft *Elopage* genutzt. Das macht besonders Sinn, wenn es verschiedene Videos zu einem Kurs gibt. Zum Jahrespreis von 704 € allerdings in der Version mit *Zapier*-Schnittstelle, die du für Automatisierungen brauchst. Sonst musst du jedes Kursvideo einzeln beim Kauf versenden. Jetzt fehlt noch eine Checkout-Schnittstelle, auf der dein Content gekauft werden kann. Hier gibt es unzählige Möglichkeiten, von deinem *Shopify*-Shop über *Thrivecart* als reine Salespage oder *Zezam* bis zu *Linktree*, die du als Verlinkung auf deiner Social-Media-Site nutzen kannst und gleichzeitig für Verkäufe. Schau dir die einzelnen Anbieter daraufhin an, was zu dir passt.

Jetzt müssen deine KundInnen dich natürlich erst mal finden. Welche Plattform nutzt du, um zu teilen, was du machst und was dich begeistert? Heutzutage sind es Instagram, Facebook oder TikTok. Erzähl der Welt, was du anbietest, was es kostet und was für einen Mehrwert du ihr damit bietest.

Die Herangehensweise kann sehr unterschiedlich sein. Der eine möchte sich einen separaten Account anlegen, die andere platziert es auf ihrem bisherigen Profil. Wenn du Instagram bislang als kunterbunte Mischung aus Urlaubsschnappschüssen, Food-Bildern und Hundevideos genutzt hast, aber dort zum Beispiel nicht dein Hobby Rennradfahren im Fokus stand, dann kann es Sinn machen, deinen privaten Content zu minimieren und den Fokus auf Themen zu lenken, die einnahmebringend sind. Solltest du aber bereits deine Leidenschaft Rennradfahren teilen, vielleicht bereits auch interessantes Wissen oder Bilder der schönsten Routen gepostet haben, dann hast du bei dem ein oder anderen vielleicht sogar schon Interesse geweckt, der dann genau auf dein Angebot wartet.

Ein neues Profil bedeutet auch, von null zu starten. Du musst dir deine Community erst aufbauen, bevor du etwas verkaufen kannst, und das kann mitunter wirklich dauern. Ich empfehle dir, auf deinem bisherigen Profil deine Audience nach und nach mit Informationen zu deinem Thema zu füttern, sie neugierig zu machen. Du wirst dadurch FollowerInnen verlieren, die sich dafür nicht interessieren, aber auch neue dazugewinnen. Mach es auf deine Weise und in deinen Worten. Sei authentisch, sei du! Benenne deinen Profilnamen eventuell nochmals um, solltest du bisher nicht deinen richtigen Namen benutzt haben, oder entscheide dich für einen prägnanten, zum Produkt passenden Namen, zum Beispiel *rennradinsider*. Beschreibe in deinem Profil, was du machst und anbietest, und verlinke dein Angebot zu oben genannten Checkout-Schnittstellen (Shopify, Thrivecart & Co.), um Umsatz zu generieren. Verknüpfe dich mit anderen aus der Szene, tausche dich aus. Vertraue in den Wert deines Angebots und gehe mit Leichtigkeit an die persönliche Vermarktung ran. Wenn du zu verbissen vorgehst und unter Druck stehst, spüren das die Menschen.

Der Social-Media-Aufwand kann bis zu einem bestimmten Grad nebenher laufen und vielleicht auch Spaß machen, beachte aber auch hierbei, dass das aktive Arbeitszeit ist. Kalkuliere die Zeit, die du hier wirklich brauchst, mit ein. Meine Devise: minimaler Aufwand für maximalen Ertrag. Das bedeutet: Du wirst genauso viele Kaufabschlüsse haben, auch wenn du nicht jeden Tag postest. Achte lieber auf die Qualität der Postings, also Mehrwert, Witz, Wissen oder

Tipps, als auf deren Zahl. Zu viele Postings langweilen deine FollowerInnen nur. Beobachte deine Community und deren Bedürfnisse, um dich daran zu orientieren. Gibt es Kernzeiten, in denen Storys und Beiträge besonders gut funktionieren? Welcher Content bekommt am meisten Aufmerksamkeit? Gib lieber kleine Einblicke, die Lust auf mehr machen, etwa wie du dein Fahrrad reparierst, deine Route planst, die Aussicht der Etappe genießt. Mehr Aufwand bedeutet nicht automatisch eine bessere Conversion (womit das Verhältnis der Anzahl an Personen, die dein Produkt gekauft haben, zur Zahl der Klicks auf deiner Verkaufsseite bezeichnet wird). Du musst wirklich innerlich davon überzeugt sein, dass du deinen Account nicht dauerhaft bespielen musst, um erfolgreich zu sein. Andernfalls wirst du immer ein Gefühl von Unruhe in dir verspüren. In der Social-Media-Welt kannst du theoretisch nie genug liefern, deswegen mach dich davon frei, permanent präsent sein zu müssen.

Ich habe vor zwei Jahren angefangen, auf meinem privaten Profil über passives Einkommen zu sprechen. Davor war es eher eine Mischung aus Urlauben, Yogastudio und Modeljobs. Ich bin überzeugt, dass sich bis heute einige meiner FollowerInnen fragen, was ich da quatsche. Aber genauso wie mein Inhalt sich verändert hat, habe ich mich ja auch gewandelt. Ich habe gemerkt, dass passives Einkommen mein Herzensthema ist und ich meine Erfahrungen und Vorgehensweisen teilen möchte. Ich möchte, dass auch andere damit erfolgreich sind, weil ich davon überzeugt bin, dass es uns Menschen gelassener, freier und glücklicher macht. So macht dieses Thema mittlerweile auch einen Großteil meines Contents auf Social-Media-Plattformen aus. Trotzdem bin ich aber immer noch unter meinem Namen unterwegs und teile deswegen auch den Inhalt von Modeljobs, Sanierungsobjekten und Wanderausflügen. Allerdings teile ich ganz bewusst nichts Privates. So könnte man meinen, dass ich kaum Freundinnen habe, da ich unsere Treffen nie teile. Und mein Mann ist auch immer nur »der Mann«, lediglich von der Seite zu sehen und wird auch nie namentlich genannt. Ich teile vieles, aber ich bin mir sehr wohl darüber bewusst, was ich nicht teilen möchte. Bleib also deiner Linie treu, denn dann ist es authentisch, und das spüren die Menschen.

An meinem eigenen Follower-Verhalten merke ich auch, dass ich nur noch ganz wenigen Accounts neu folge. Im Gegenteil: Ich lösche regelmäßig Abonnements, weil das Scrollen für Dinge, die mich nicht interessieren, nur meine Lebenszeit frisst, ohne dass ich es merke. Die einzigen Accounts, die neu hinzugekommen sind, haben mit Inspiration und Wissen zu tun. So folge ich seit Neuestem einem Hobbygärtner, der mir beibringt, wie mein Gemüse noch besser gedeiht, oder einer Astrologin, die mir verrät, wie die Sterne stehen.

AUTOMATISIERUNG

Schließlich gilt es, deine Verkäufe maximal zu automatisieren. Denn wir wollen jegliche Interaktion, die eine aktive Handlung von dir erfordert, nach Möglichkeit vermeiden. Dabei ist es hilfreich, wenn du die Customer-Journey anhand eines Zeitstrahls aufschreibst.

Nachfolgend der Ablauf der Customer-Journey meiner *Passive Money Rise Masterclass*. Es kann sein, dass bei deinem Produkt noch weitere Schritte relevant sind.

1. Link zur Salespage

Mögliche KundInnen sollten ohne Umwege auf deine Salespage gelangen. Platziere den Link dazu gut sichtbar auf allen Kanälen. Das ist in erster Linie deine Website und die Bio deines Instagram- oder TikTok-Profils. Zudem kannst du den Link immer wieder in deinen Instagram-Storys platzieren und unter Posts auf den Link in deiner Bio verweisen. Mache es den Menschen so einfach wie möglich. Die Menschen haben eine immer kürzere Aufmerksamkeitsspanne auf den Social-Media-Plattformen. Ist einmal das Interesse geweckt, sollte ein Kaufabschluss schnell und unkompliziert vonstattengehen. Wer weiß, vielleicht kommt morgen schon die große Stromnachzahlung ins Haus – und die Kaufbereitschaft ist dann perdu. Nutze den Moment und erzähle, teile, poste, was du anbietest. Auch wenn es dich Überwindung kostet: Du musst in die Welt rausgehen und zeigen, was du bietest, denn niemand anders wird es sonst für dich tun.

2. Kaufabschluss

Auf deiner Salespage gibst du weitere Informationen zu deinem Angebot (Umfang, zeitliche Begrenzung, unbegrenzte Verfügbarkeit, Sinn und Mehrwert deiner Inhalte etc.). Erfrage hier so wenige Daten wie möglich (Brauchst du wirklich die Telefonnummer oder die Adresse deiner Kunden?), um den Einkaufs- und Checkout-Prozess nicht zu gefährden. Eventuell bietest du sogar eine attraktive Ratenzahlung an. In diesem Fall sollte die Summe der Raten zu einem (minimalen) Plus bei dir führen, da du ja auf dein Geld warten musst. Schließlich gibt es eine Auswahl von mehreren Zahlungsmöglichkeiten wie Paypal, Kreditkarte oder Sofortüberweisung. Shopify, Thrivecart, Linktree & Co. bieten eine Vielzahl an bereits integrierten Schnittstellen sowie die Möglichkeit, den Checkout-Prozess zu individualisieren.

3. Kaufbestätigung und Rechnungsversand

Die Kaufbestätigung und der Rechnungsversand können mit *Thrivecart* und *Shopify* automatisiert werden. Du musst ausschließlich die Rechnungsvorlage mit deinen Daten anpassen und überprüfen, ob sie steuerrechtlich korrekt ist.

4. Zugang zum Content

Der Versand des Links zu der Plattform, auf der deine Videos gehostet werden, geschieht nicht automatisch. Bei der Lösung dieses Problems habe ich sehr gute Erfahrungen mit *Zapier* gemacht. Dabei handelt es sich um ein Produkt, das Arbeitsabläufe automatisiert und dabei verschiedene Webanwendungen integriert. Du kannst genau wie auf dem Zeitstrahl oben, nur noch viel detaillierter, bestimmen, welche Automatisierung auf welchen Schritt folgt. Beispielsweise aktivierst du eine vorgeschriebene E-Mail, die du zusätzlich auf deine Käufer personalisieren kannst und die direkt nach Kaufabschluss den Link zu deinem Content versendet. Des Weiteren kann es interessant sein, die FAQs bereits auf der Salespage zu hinterlegen und sie zusätzlich noch in die E-Mail mit Zugang zum Content zu integrieren. Denn jede vermeidbare Frage erspart dir Zeit.

5. Bewertung, Newsletter & Co.

Optional, aber bei der richtigen Automatisierung ohne viel Zusatzaufwand lassen sich auch weitere Schnittstellen mit *Zapier* integrieren. Vielleicht möchtest du deine KundInnen zwei Wochen nach Kaufabschluss um eine Bewertung deines Produkts bitten? Oder aber du schickst einen Newsletter mit weiteren Kursen von dir raus, mit einem kleinen Gutschein. Mein Tipp jedoch: Übertreib es nicht. Wenn zu viele E-Mails versendet werden, landen sie schnell im Spam-Ordner, und dein happy Customer ist am Ende nur noch genervt von dir.

KRITISCHE EINORDNUNG

Vielleicht fühlst du dich von dieser Art der passiven Einnahmequelle überhaupt nicht angesprochen, oder aber sie aktiviert etwas in dir, das du nicht für möglich gehalten hast. Daraufhin entgegne ich dir: Trau dir zu, der Welt zu zeigen, was du weißt und kannst. Erkenne deinen Wert, denn dein Wissen und deine Expertise helfen anderen Menschen. In uns allen steckt eine ganz große Hilfsbereitschaft. Du verschaffst Menschen mit deinen Kursen Abkürzungen zu ihrem Ziel – lass dich deshalb dafür entsprechend bezahlen, ohne schlechtes Gewissen.

Einer meiner Coachees, Elena, hat bis zu unserer Zusammenarbeit fast alles umsonst gemacht. Wenn etwas bezahlt wurde, dann reden wir von Beträgen in der Größenklasse 50 €. Wir haben daraufhin gemeinsam an ihrem Money-Mindset gearbeitet, und nach kurzer Zeit hat sie den Dreh rausgehabt. Als eine Kooperationsanfrage von einem großen Eishersteller bei ihr ankam, hat sie sich gesagt, entweder mache ich es für meinen neuen Preis oder eben nicht. Elena wäre absolut einverstanden damit gewesen, wenn der

Auftrag nicht zustande gekommen wäre. Niemals hätte sie geglaubt, dass sie ihre Wunschgage durchsetzen könnte. Der Kunde hat zwar noch versucht nachzuverhandeln, aber Elena ist standhaft geblieben. Der Preis, den sie genannt hat, wurde bezahlt. Seitdem konnte sie gar nicht mehr anders, als selbstbewusst ihre Preisvorstellung zu kommunizieren. Geld und Aufträge kamen ab da mühelos zu ihr. Die Tür stand offen.

Natürlich wird es auch immer wieder Kunden geben, die ablehnen und dein Angebot als zu teuer empfinden. Und es wird auch immer welche geben, die es als zu günstig empfinden, glaub mir!

AMAZON KDP

> *Verwaltungsaufwand: wenig*
> *Dauer der passiven Einnahmequelle: kurzfristig – langfristig*
> *Eigenkapitalbedarf: 0 €*

Passiv Geld zu verdienen, bedeutet nicht, dass du vorher bereits viel Geld auf die Seite gelegt haben musst. Amazon KDP und Amazon Merch on Demand beweisen dir genau das Gegenteil. Du kannst sofort starten, mit Amazon passiv Geld zu verdienen, und das mit 0 € Startkapital.

Amazon KDP steht für *Kindle Direct Publishing* und ist ein Selfpublishing-Service für E-Books und Bücher auf Amazon. Du kannst hier als Selfpublisher, also im Selbstverlag, der ganz an deinen Passive Money-Bedürfnissen ausgerichtet ist, deine eigenen Bücher hochladen und zum Verkauf anbieten. Diese werden on demand, also nur bei Verkauf, gedruckt. Du bestimmst die Art der Buchbindung selbst (Hardcover oder Softcover). Genauso wählst du, ob der Inhalt bunt oder schwarz-weiß gedruckt wird. Außerdem legst du auch selber fest, was dein Buch im Verkauf kosten soll. Das Besondere daran ist: Du gehst mit keinem einzigen Cent in Vorleistung. Amazon zieht die Druckkosten, abhängig von den aufgezählten Faktoren, von deinem Verkaufspreis ab.

Die Druckkosten berechnen sich wie folgt:

> Druckkosten = Festpreis (je nach Bindung, Farbigkeit und Seitenanzahl) + Seitenanzahl x Kosten pro Seite

Ganz grob reden wir hier von einstelligen Euro-Beträgen pro Buch.

BÜCHER MIT VIEL TEXT SCHREIBEN?

Bevor du denkst, dass du plötzlich ein richtiges Buch verfassen musst, sage ich erst mal: Stop! Stop! Stop! Natürlich kannst du auch ein eigenes Buch mit vielen hundert Textseiten auf diese Weise veröffentlichen. Aber es geht viel einfacher. Du kannst auch Notizbücher, Gästebücher, Kochbücher oder Freundschaftsbücher erstellen, deren Inhalt textmäßig sehr reduziert ist oder die ausschließlich aus weißen oder linierten Seiten bestehen.

Mach es dir so einfach wie möglich, denn Geld darf leicht verdient werden. Ausschlaggebend ist bei dieser Art von Büchern, dass das Cover überzeugt. Es gibt bei Amazon schon zahlreiche Freunde-Bücher oder Notizbücher. Aber ähnlich wie bei meinen Kartensets, dürften auch hier noch einige Nischen vorhanden sein, die gefüllt werden können. Vielleicht ist dir auch schon ein Produkt aufgefallen, wo du nicht das richtige gefunden hast. Frag dich, für welche Themen zum Beispiel ein Notizbuch Sinn ergibt. Mir fällt da spontan einiges ein: Yogastunden-Planer, Hochzeitsplaner, To-dos, Haushaltsbuch ... Genauso kannst du mit anderen Kategorien vorgehen.

Du selber musst keine DesignerIn sein. Auch hier kannst du dich an schönen Schriftzügen, witzigen Sprüchen oder passenden Illustrationen bedienen, die du für lediglich ein paar Euro kaufst.

PLATZIERUNG UND BEWERBUNG

Sobald du dich für Inhalt und Cover eines Buches entschieden hast, kannst du das Buch mit den bei Amazon KDP vorgegebenen Maßen anlegen. Für Laien wie mich eignet sich dafür am besten *Canva*. Hier kannst du dich sogar noch an schönen Vorlagen bedienen. Dann lädst du Cover und Inhalt hoch und legst Titel, Suchbegriffe und Verkaufspreis fest.

Selbstverständlich kannst du die Bücher auch mit Ads bewerben und deine FreundInnen auf dein Buch hinweisen. Vielleicht hinterlassen sie sogar eine Bewertung für dich, wenn sie es kaufen und es ihnen gefällt. All das kann helfen, dein Buch gut sichtbar zu machen. Es wird Bücher geben, die unfassbar gut laufen, und andere, die untergehen. Probier es einfach mal aus – es ist ein unfassbar schönes Gefühl, wenn jeden Monat eine Überweisung von Amazon eintrudelt.

KRITISCHE EINORDNUNG

Amazon KDP war das erste Passive Money-Tool, das mir bewiesen hat, dass man passiv Geld verdienen kann. Aktuell liegt mein Fokus nicht mehr darauf, aber es fließt nach wie vor eine gewisse monatliche Summe von Amazon durch die Verkäufe meiner Bücher rein, und da sage ich nicht nein. Mein Buch *Wofür ich dankbar bin* habe ich auf Amazon KDP auch auf Italienisch, Spanisch, Französisch und Englisch platziert, obwohl ich diese Märkte in gedruckter Form sonst nicht bediene. Hier allerdings ließ sich der Inhalt einfach übersetzen. So bediene ich auch noch diese Märkte, ohne einen zusätzlichen Cent in die Hand nehmen zu müssen.

Auf Amazon KDP kannst du deine Bücher weltweit anbieten. Du erstellst den Inhalt selber mit Design-Tools wie *Illustrator* oder

Canva und speicherst das Cover sowie den Innenteil als PDF-Datei ab. Welche Maße du genau brauchst, findest du leicht bei KDP. Bei *Canva* gibt es sogar Vorlagen für Buchdesigns. Du musst kein(e) studierte(r) DesignerIn sein, um das umzusetzen. Zusätzlich kannst du auswählen, ob ein Produkt auch für den Handel verfügbar sein soll. Auch das habe ich getan, da ich wie beschrieben nicht plane, das Buch in Sprachen wie Englisch, Spanisch, Französisch oder Italienisch stationär im Handel zu bedienen. Die Umsätze für diese Verkäufe sind zwar geringer, aber dafür werden meist mehr Bücher auf einmal gekauft.

Was mir aber trotzdem wichtig ist zu betonen: Die Qualität dieser Bücher ist nicht zu vergleichen mit einem hochwertigen Buchdruck. Vielleicht habt ihr auch schon mal so ein Buch in der Hand gehabt. Auf der Website ist es nicht ersichtlich, dass es sich um ein KDP-Buch handelt. Dir muss also bewusst sein, dass du kein High-End-Produkt kreierst, es aber auch bei diesem Verkaufspreis (erfahrungsgemäß zwischen 5 und 12 €) nicht anders zu erwarten ist. Du kannst auch einen Probedruck anfordern und schauen, ob das Produkt zu dir passt.

Für mich war Amazon KDP am Anfang eine Möglichkeit, das damit erlöste Geld in neue physische Produkte zu reinvestieren. Solltest du nicht über genug Geld verfügen, um es anzulegen oder gewinnbringend zu investieren, dann kann KDP eine tolle erste Möglichkeit sein, passive Einnahmen zu generieren.

AMAZON MERCH ON DEMAND

Verwaltungsaufwand: wenig
Dauer der passiven Einnahmequelle: kurzfristig – langfristig
Eigenkapitalbedarf: 0 €

Ich habe noch ein Tool für dich, dass dir mit 0 € Startkapital deine ersten Passive Money-Umsätze generiert. Amazon Merch on Demand (bis 2022 noch Merch by Amazon genannt, die daraus abgeleitete Abkürzung MBA wird allerdings noch immer gerne verwendet) bietet eine weitere Möglichkeit, Produkte ohne Vorkasse bei Amazon anzubieten und die Reichweite und Strukturen von Amazon zum eigenen Vorteil zu nutzen. Amazon Merch on Demand bedruckt Sweater, T-Shirts und vieles mehr mit deinem eigenen Design. Das Prinzip ist ähnlich wie bei KPD: Du musst lediglich ein Design hochladen – das können hier lustige Sprüche, Wörter, Logos oder Illustrationen sein –, wählst dann das Apparel, auf dem es gedruckt wird, sowie die Farbe (zum Beispiel weißes T-Shirt) und beschreibst das Produkt für die Verkaufsseite. Die Seite selber ist kinderleicht zu bedienen.

Recherchiere, welche Keywords oft gesucht werden, und finde Nischen, in denen noch Produkte fehlen könnten. Gehe mit einem offenen Auge und wachen Geist an das Thema heran. Zu welchen Anlässen kauft man ein bedrucktes T-Shirt? Meistens sucht man bei Amazon nicht nach Kleidung für den Kleiderschrank, sondern kauft sie als Geschenk oder Mitbringsel. Was kann ein Anlass sein,

ein bedrucktes Merch zu kaufen? Welches Merch würdest du vielleicht selbst kaufen? Schau dir das bisher offerierte Angebot genau an, vor allem das Ergebnis auf der ersten Seite.

KRITISCHE EINORDNUNG

Merch on Demand bringt genauso wie KDP kein Verlustrisiko mit sich. Du profitierst vom Prime-Versand für deine Kunden, dem Amazon-Kundenservice und brauchst kein eigenes Lager. Auch ersparst du dir laufende Kosten oder Account-Gebühren. Die Kunst liegt vielmehr darin, noch etwas zu finden, das gebraucht wird und den Markt nützlich ergänzt. Deswegen solltest du dich wirklich auf eine Nische konzentrieren, in der du nicht in der Masse des Angebots untergehst, oder aber auf neue Trends. Kennen wir nicht alle die Flamingo- oder Wassermelonen-Prints-Phasen?

Allerdings gibt es einen Unterschied zwischen Merch on Demand und KDP: Du musst dich bewerben, um Prints anbieten zu können. Du musst in zwei bis drei Sätzen erklären, warum deine Prints das Angebot erweitern und was du beruflich mit Merch vorhast. Dann heißt es geduldig sein, denn es kann etwas dauern, bis du akzeptiert wirst, oder du musst dich nochmals bewerben. In den letzten Jahren haben sich immer mehr Anbieter beworben, sodass es auch vermehrt zu Absagen kommt. Solltest du nicht als Anbieter aufgenommen werden, ist das auch kein Weltuntergang. Es gibt noch so viele weitere Passive Money-Quellen.

FULFILLMENT BY AMAZON

Verwaltungsaufwand: wenig
Dauer der passiven Einnahmequelle: kurzfristig – langfristig
Eigenkapitalbedarf: mittel

Fulfillment by Amazon (FBA) ist so eine Passive Money-Quelle, die ich lange unterschätzt habe und jetzt eine meiner wertvollsten Quellen in diesem Bereich ist. FBA bietet dir die Möglichkeit, physische Produkte auf Amazon zu verkaufen, ohne dich um Lagerung, Versand und Kundenservice kümmern zu müssen. Dabei profitieren Amazon-Kunden von ihrem gewohnten Prime-Versand. Du kannst Produkte auch mit eigenem Versand verkaufen, aber ich möchte mich, um meine passiven Einnahmen zu maximieren, auf die erste Variante fokussieren.

ABLAUF UND GEBÜHREN

Du kannst dich als Seller bei Amazon anmelden und einen Verkaufsaccount anlegen. Amazon möchte viele Informationen von dir haben und verifizieren, mit wem sie es zu tun haben. Du bist berechtigt, nur einen einzigen Seller-Account zu erstellen. Bestimme als letzten Schritt deinen Shop-Namen und hinterlege geschäftliche Bankverbindung sowie Steuernummer.

Amazon ist der größte Marketplace und lässt sich die Monopolstellung für den schnellen Versand auch entsprechend bezahlen. Es gibt verschiedene Gebührenposten, die auf dich zukommen. Lass dich davon aber nicht sofort abschrecken.

1. Verkaufsgebühr[1]

Verkaufstarif *Professionell*: 39 € pro Monat, keine weiteren Verkaufsgebühren.

Verkaufstarif *Einzelanbieter*: Keine monatliche Abonnementgebühr, aber Verkaufsgebühr von 0,99 € pro Artikel, der über Amazon.de verkauft wird.

Du kannst am Anfang natürlich mit dem Verkaufstarif *Einzelanbieter* starten und auf *Professionell* wechseln, sobald du über 40 Artikel im Monat verkaufst (wirst du, sonst ist es ein Hobby-Projekt!).

2. Zusätzliche prozentuale Verkaufsgebühr

Je nach Produktkategorie variieren die prozentualen Verkaufsgebühren pro verkauftem Artikel. Eine komplette Auflistung findest du bei *Amazon Seller*.

Hier ein Auszug:

---

[1] Alle im Folgenden unter den Punkten 1. bis 4. genannten Gebühren: Stand September 2023

Kategorien	Prozentuale Verkaufsgebühr	Mindestverkaufsgebühr pro Artikel
Beauty, Drogerie und Körperpflege	8 % für Produkte mit einem Gesamtverkaufspreis von bis zu 10,00 €	0,30 €
	15 % für Produkte mit einem Gesamtverkaufspreis von über 10,00 €	
Haushalt, Küche, Bücher	15 %	0,30 €

3. Monatliche Lagergebühr

Die Lagergebühren für einen Monat werden jeweils zwischen dem 7. und dem 15. des Folgemonats eingezogen und nach Kubikmetern berechnet.

Produkte in Standardgröße in allen anderen Kategorien	Januar – September	Oktober – Dezember
Vereinigtes Königreich (basierend auf Kubikfuß pro Monat), Deutschland, Frankreich, Italien, Spanien, Niederlande und Polen (basierend auf Kubikmetern pro Monat)	30,60 €	42,37 €

Amazon erhebt eine höhere Lagergebühr für das Weihnachtsgeschäft. Es macht keinen Sinn, während dieser Zeit deine Produkte nicht einzulagern. Das Weihnachtsgeschäft ist in fast allen Rubriken sehr stark und jeder Rückversand von Artikeln kostet dich ebenfalls Geld.

4. Versandgebühr Amazon

Die Versandgebühren sind je nach Lagerort, Empfängerland, Gewicht und Standard- oder Expressversand berechnet. Zusätzlich gibt es die *Small-and-Light*-Versandoption, bis zu einem Gewicht von 400 Gramm und einem Verkaufspreis bis zu 10 €. Du musst deine Produkte aber selbstständig für *Small and Light* registrieren. Google dazu einfach *Small and Light Amazon*, und du kommst auf die Seite, in der du die ASINs, also Produktkennungen, eingeben kannst. Die Versandgebühren kannst du hier einsehen: https://lmy.de/zNBhehrk

Wow, die vielen Infos mögen dich jetzt vielleicht erschlagen, wenn du noch nie etwas von Amazon FBA gehört hast. Du darfst sie für den Moment auch erst mal ignorieren. Wichtig ist, sobald du dich konkret mit dem Verkauf auf Amazon FBA befasst, dass du unbedingt vorher kalkulierst, ob sich der Verkauf lohnt. FBA-Verkäufe machen dich nicht durch einzelne Verkäufe reich, sondern erst durch ihre Masse.

Genau das ist auch der Grund, warum du selbst nichts mit dem Versand zu tun haben möchtest. Es lohnt sich einfach nicht. Die Versandgebühr für ein Standardpaket bis zu 15 Kilogramm beträgt bei Amazon 3,71 € mit DHL. Zusätzlich ist der Amazon-Kunde den Prime-Versand gewohnt und erwartet das auch bei Käufen über die Plattform.

Baue dir eine Excel-Tabelle auf, in der du deinen Einkaufspreis einträgst, und deinen Verkaufspreis bei Amazon. Die Differenz davon ist dein Gewinn vor Gebühren und Steuer. Zusätzlich erstellst du Spalten für die einzelnen Posten, in denen du Formeln für die fixen Gebühren und prozentualen Abzüge generierst. Diese subtrahierst du von deinem Gewinn. Was übrig bleibt, ist der Gewinn vor Steuern. Womöglich wird dieser Betrag negativ sein beim Verkauf von nur einem Artikel. Probiere aus, wie viele von diesem Artikel du verkaufen müsstest, um bei null zu sein, und wie viele, um 100 €,

200 € ... 1000 € Gewinn zu machen. Wie bereits gesagt: Es geht hier um die Masse an verkauften Produkten und nicht um einzelne.

Bisher kalkulieren wir noch mit einem einzigen Produkt im Angebot. Lukrativer wird es natürlich dann, wenn du mehrere Produkte im Sortiment hast. Dann ist es eine Mischkalkulation.

Sobald du dich bei Amazon registriert hast, kannst du deine Produkte anlegen. Dazu braucht du Barcodes für den Online-Handel, sogenannte EAN-Codes. Diese kannst du online kaufen und registrieren, damit keiner deiner Codes für einen anderen Artikel missbraucht werden kann. Zehn Codes kosten meist um die 10 €, kaufst du mehr, wird es günstiger.

AMAZON-ALGORITHMUS UND BESCHREIBUNG DEINES PRODUKTS

Amazon ist allgemein sehr undurchsichtig und hat einen Algorithmus, der dafür sorgt, dass die Artikel gut oder schlecht gerankt werden. Was genau dahintersteckt, ist von Amazon nie offengelegt worden. Es gibt aber immer wieder aktuelle Zusammenfassungen, die auflisten, was wohl gerade beim Amazon-Algorithmus beliebt ist und was nicht.

Hier die wichtigsten Kriterien (Stand September 2023):

Titel:

- Maximal 200 Zeichen inklusive Leerzeichen.
- Die wichtigsten Keywords zum Produkt sollten enthalten sein. Für eine Trauerkarte wären das zum Beispiel die folgenden Keywords: *Trauerkarte, Kondolenzkarte, Beileid Karte, Gedenkkarte, Anteilnahme Karte ...*

Diese Keywords sollten aber nicht einfach aneinandergereiht platziert werden (mag der Algorithmus nicht!). Stattdessen baue ich meine Produkttitel nach folgendem System auf und versuche dabei, möglichst viele Keywords unterzubekommen: Ich beginne mit meinem Markennamen, danach folgt die Info, um was für ein Produkt es sich handelt. Daran schließt sich der Produkttitel an, das wäre in diesem Fall der Schriftzug auf der Karte, und zum Schluss zähle ich Keywords auf, wenn die Zeichenzahl es noch zulässt. So ergibt sich beispielsweise folgender Titel *The Life Barn Postkarte mit Umschlag Aufrichtige Anteilnahme Trauerkarte Beileid Tod*

- Keine Wortdoppelungen
- Großschreibung des Anfangsbuchstabens jedes Worts
- Lass dich inspirieren, welche Suchbegriffe du noch bei der Konkurrenz findest.

Produktbeschreibung:

- Keine Angaben zu Awards
- Keine Angaben zu Garantien
- Keine Werbeaktionen
- Keine Sonderangebote
- Verzicht auf händlerspezifische Details (zum Beispiel Preise oder Versand)
- Verzicht auf angebotsspezifische Details (zum Beispiel Preise oder Versand)
- Keine Kundenrezensionen, Zitate oder Erfahrungsberichte
- Keine direkte Aufforderung zum Kauf an den Kunden

Je nach Produktkategorie kannst du statt eines Texts Bulletpoints mit stichwortartiger Beschreibung erstellen. In manchen Katego-

rien auch beides. Diese Beschreibungen sollten folgendermaßen aufgebaut sein:
- 200–250 Zeichen (inklusive Leerzeichen)
- Beginne immer mit einem Großbuchstaben.
- Vermeide Sonderzeichen und Emojis, auch wenn viele Anbieter diese verwenden und es mehr hermacht.
- Vermeide irreführende Produktbeschreibungen und beschreibe klar und präzise, um was es sich handelt. Gib gerne Maße, Gewicht und andere wichtige Merkmale an. Alles andere führt zu einem schlechten Ranking, unzufriedenen Kunden und Retouren.
- Vermeide die Erwähnung von konkurrierenden Markennamen. Das kann sogar rechtliche Folgen für dich haben!

Mindestens genauso wichtig ist das Anlegen von für Amazon konformen Bildern. Ansonsten werden diese gar nicht erst online gestellt und dein Artikel bleibt bilderlos.
- Lade mindestens sieben Bilder hoch.
- Achte auf die Farbechtheit des Produkts.
- Bildgröße: mindestens 1000 Pixel (Breite oder Höhe). Amazon empfiehlt eine Breite von 2560 Pixeln, sodass reingezoomt werden kann.
- Bildausschnitt: Das Produkt sollte 85 % des Bildes ausfüllen.
- Hintergrundfarbe: Ein weißer Hintergrund wird empfohlen. Zumindest das Titelbild sollte einen solchen haben.
- Dateiformate: JPEG, PNG, GIF oder TIFF.

Ich erstelle aber auch Produktbilder mit einem Anwendungsbild oder zusätzlichen Informationen auf dem Foto über das Produkt, wie zum Beispiel: *Hochwertiges 350 g Postkartenpapier in Größe A6 und passendem Umschlag aus gestrichenem Kraftpapier in Größe C6.*

Du solltest dich in erster Linie an die Amazon-Richtlinien halten, aber auch bedenken, dass deine Bilder ansprechend für den

Kunden sein sollten. Auf Shutterstock kannst du auch Display-Hintergründe erwerben, vor denen du deine Produktbilder platzierst. Ich habe Hintergründe mit einem Kraftpapierumschlag auf einem schön dekorierten Tisch und tausche nur noch das Kartenmotiv aus. Du kannst aber natürlich auch echte Fotos von den Produkten im Hintergrund machen.

Als letzten Schritt musst du noch Produktmaße und Gewicht hinterlegen. Genauso wie Suchbegriffe, unter denen das Produkt gesucht wird. Hier kannst du dich der Keyword-Research-Tools bedienen, die analysieren können, welche Suchbegriffe eingegeben werden, um deine oder ähnliche Produkte zu finden. Das geht am besten mit *Helium10*. Solltest du nur ein Amazon-Produkt verkaufen, reicht hier auch erst mal die kostenfreie Version. Diese Keywords solltest du überall rund um dein Produkt platzieren: Titel, Beschreibungen, Bulletpoint-Aufzählungen und Suchbegriffe. Einerseits ist es wichtig, Keywords zu verwenden, also Suchbegriffe, die den/die KundIn zu deinem Produkt führen. Allerdings ist eine zu häufige Wiederholung von Keywords schädlich für das Ranking. Du wirst aber auch ohne Keyword-Research starten können. Für manche Produkte sind die Keywords auch sehr eindeutig. Wenn du dein Angebot so optimierst, hast du eine gute Chance, auf der ersten Seite gerankt zu werden.

Sobald Amazon dein Produkt live stellt, kannst du deine Ware an Amazon senden. Es dauert meist ein bis vier Wochen, bis deine Ware im Lagerbestand ist.

MARKE

Für den Verkauf bei FBA solltest du auf jeden Fall eine Marke unter dem Shop-Namen registrieren. Die Brand-Registry kann manchmal eine Ewigkeit dauern. Du kannst zwar schon Produkte anlegen, aber nachträglich deine Marke einem Produkt zuzuordnen, funktioniert meist nicht. So erscheint in deinem Produkttitel immer die Bezeichnung *Generisch*. Auch kannst du bestimmte Werbetools nur mit registrierter Marke nutzen, genauso das Produkttester-Tool. Ich habe anfangs Produkte schon vor der abgeschlossenen Registrierung erstellt und hatte immer wieder Probleme im Listing und bei Werbeanzeigen. Wenn du kannst, gedulde dich also lieber etwas.

WERBUNG

Du kannst und solltest für deine Produkte gerade am Anfang Werbeanzeigen schalten, bis du die ersten fünf Sterne auf deine Produkte generiert hast. Der Reiter *Werbung* ist auf deinem Seller-Dashboard zu finden. Dort kannst du verschiedene Werbeanzeigen auswählen. Die Standardauswahl ist *Sponsored Products*, wobei dein Produkt über dem normalen Listing auf der ersten Seite platziert wird. Du kannst auswählen, welche Produkte du bewerben möchtest und ob du die Werbung anhand von Suchbegriffen oder ähnlicher Produkte auf Amazon platzieren lassen magst. Bei den Keywords kannst du automatisch oder manuell wählen.

Ich nutze die manuelle Keyword-Platzierung, um genau zu bestimmen, unter welchen Suchbegriffen mein Produkt gefunden werden soll. Ich möchte kein Geld für fehlgeleitete Werbung verschwenden. Pro Keyword wird ein Durchschnittspreis je Klick angezeigt. Den Wert kannst du manuell anpassen, es kann dann aber sein, dass du nicht so gut platziert wirst wie Konkurrenzprodukte. Außerdem bestimmst du, wie lange die Kampagne ausgespielt werden soll und was dein Tagesbudget ist. In der Regel bewerbe ich meine Produkte nicht regelmäßig, sondern je nach Saison und Bedarf. Läuft ein Produkt konstant gut, brauche ich es nicht zu pushen. Andere brauchen einen Schubs oder werden zu den zum Produkt passenden Events beworben. Zum Beispiel die Karte *Weltbeste Mama* zum Muttertag. Insgesamt heißt die Devise bei Werbung, egal ob Amazon oder Instagram, Facebook oder Google, immer ausprobieren und optimieren. Es gibt keine Formel, die dir garantiert, welche Werbung zu maximalen Verkäufen führt. Denn nur weil eine Anzeige gut ausgespielt wird, heißt das nicht, dass das Produkt oft gekauft wird. Ich habe zum Beispiel für mich festgestellt, dass meine Produkte unter der Woche viel besser verkauft werden als am Wochenende. Zudem bewerbe ich keine Muttertagskarte einen Monat vor Muttertag. Amazon-Kunden agieren kurzfristig und spontan.

AMAZON VINE

Wenn du ein neues Produkt bei Amazon gelistet hast, kannst du dieses von ProdukttesterInnen, die bei Amazon registriert sind, testen lassen. Das sind regelmäßige Amazon-KäuferInnen, die sowieso schon fleißig bewerben und von Amazon eingeladen werden, in den Club zu kommen. Diese bekommen die Produkte, die sie sich vorher selbst aussuchen, kostenlos zugeschickt und bewerten sie im Gegenzug. Die Bedingungen, dass dein Produkt für *Amazon Vine* zugelassen ist, sind:

- Es handelt sich um eine in der Amazon-Brand-Registry registrierte Marke.
- Auf der Produktdetailseite wurde das Produkt weniger als 30-mal bewertet.
- Es muss sich im Zustand »Neu« befinden und zum Zeitpunkt der Registrierung verfügbar sein.
- Es muss mittels Fulfillment by Amazon (FBA) versendet und bereits auf Lager sein.
- Das Listing muss eine Beschreibung und ein Bild beinhalten.
- Bei dem Produkt darf es sich nicht um Erotikartikel handeln.

Amazon Vine kostet dich 170 € für jedes registrierte Produkt. Weiterhin sind maximal 30 Bewertungen für ein Produkt möglich, sodass eine Bewertung 5,66 € kostet. Sollte ein Produkt innerhalb der ersten 90 Tage keine Bewertung erhalten, wird keine Gebühr fällig. Außerdem sind die ProdukttesterInnen verpflichtet, ein ehrliches Feedback zu geben. Ich habe *Vine* schon in Anspruch genommen und auch nur Drei- oder Vier-Sterne-Bewertungen bekommen. Für mich als Sellerin ehrlich gesagt ein Desaster, wobei ich auch noch dafür zahle, dass jemand mein Produkt nicht sehr gut bewertet. Aber das ist Teil des Deals und ein Risiko, das immer besteht. Insgesamt muss ich aber sagen, dass *Vine* für mich gewinnbringend ist und ein neues Produkt nicht mehr ganz so neu und unbefleckt erscheinen lässt, da es schnell Bewertungen bekommen hat und diese in der Regel sehr gut sind.

PRODUKTE FINDEN

Jetzt aber zu der Frage, die dir wahrscheinlich schon die ganze Zeit auf der Zunge liegt. Wie finde ich die passenden Produkte für Amazon? Im Grunde gibt es bei Amazon schon fast alles. Es ist schwer, etwas zu finden, das dort noch nicht angeboten wird. Vielmehr geht es darum, etwas zu finden, was dich von der Konkurrenz abhebt. Beobachte dein eigenes Kaufverhalten, welche Produkte du suchst und ob du fündig wirst. Falls ja: Gibt es etwas, das noch optimiert werden kann? Ein Alleinstellungsmerkmal kann sein:
- Preis
- Gewicht und Größe: Nicht entscheidend für den Verkauf, aber es beeinflusst deine Lagergebühren und die Versandkosten von Amazon.
- Variationen hinsichtlich Motiv, Farbe oder Muster
- Nachhaltigkeit

Was du dich auch noch fragen kannst:
- Wie gut sind die Produktbilder deiner Konkurrenz?
- Wie gut ist das Listing der Konkurrenten, optimiert nach aktuellen Präferenzen des Algorithmus?
- Wie kannst du hervorstechen?
- Wie gut sind die Bewertungen deiner Konkurrenz? Wie viele Bewertungen gibt es?
- Was bemängeln die KundInnen an den bestgelisteten Produkten?

Sollte es ein »fertiges« Produkt sein, für das du dich interessierst, dann recherchiere, wo dieses hergestellt wird. Die meisten Produkte werden tatsächlich in großen Mengen in China über Aliexpress oder Alibaba eingekauft und dann direkt weiter zu Amazon geschickt. Das ist nicht per se verkehrt. Es gibt auf diesen Portalen leider noch viele schwarze Schafe, deshalb solltest du immer mit einem Probekauf absichern, dass die Qualität der Ware stimmt. Auch ist die Frage, ob sich der Absatz einer großen Menge je nach Gewicht und Größe und der damit verbundenen Versandkosten überhaupt lohnt. Kalkuliere erst, bevor du ein Sample bestellst, das du sowieso nicht in größerer Menge importieren kannst.

Amazon ist definitiv der falsche Markt für handgefertigte Produkte. Diese können schnell kaputtgehen, und im Falle von Retouren sind Amazon-KundInnen immer KöniginInnen, egal warum die Ware zurückgeschickt wird. Vermeide auch zerbrechliche Produkte wie Tassen oder Glas. Trotzdem darf dein Produkt ein individuelles Produkt sein, das du mit deinem Design produzieren lässt. Wenn du dich für ein Produkt entschieden hast, dann produziere es erst mal in einer geringen Stückzahl von 50 bis 200 Stück, je nach Einkaufspreis und Größe. Es wird Produkte geben, die du liebst, die aber einfach vom Algorithmus nicht gut ausgespielt werden und die die Leute nicht kaufen, und andere, die zu Überfliegern werden, obwohl du niemals damit gerechnet hast. Ich habe neben meinen

Kartensets mittlerweile auch viele andere themenübergreifende Produkte bei FBA platziert. Meine Strategie für konstante Verkaufszahlen ist, alle Events des Jahres zu bedienen. Ich habe Karten und Geschenke für Weihnachten, Valentinstag, Ostern, Muttertag, Vatertag, Kommunion, Taufe, Geburtstage, Hochzeiten, Geburt, außerdem speziell für Babys und für Kinder im Angebot. Es gibt also saisonale, aber auch saisonunabhängige Produkte. Meine Zahlen schlagen mal stark nach oben aus wie im Weihnachtsgeschäft, aber sie brechen nie komplett ein. Mir ist es wichtig, konstant gute Umsätze mit FBA zu erzielen.

KRITISCHE EINORDNUNG

Ich gebe zu, FBA ist eine Wissenschaft für sich, und ich hoffe, ich konnte dir hiermit schon mal eine gute Übersicht geben. Es gibt zahlreiche Lektüren und Kurse bei Amazon, zu beachten ist auch, dass die Plattform ihre Anforderungen und Kosten immer wieder anpasst. Es lohnt sich, proaktiv Informationen einzuholen und den Markt zu beobachten. Meine Bücher, die ich bei uns im Shop verkaufe, habe ich mittlerweile fast alle von Amazon heruntergenommen, da Bücher nicht beworben werden können. Außerdem sind die Lager staubig, und die Leinencover wurden teilweise stark verschmutzt, was mir wiederum schlechte Bewertungen beschert hat. Aber schon alleine aus Umweltgründen möchte ich nicht jedes einzelne Buch in Folie packen. Außerdem würde es bei einer Retoure, sollte die Folie geöffnet worden sein, auch wieder im Lager landen. Es gibt also zahlreiche Dilemmas und Knackpunkte, wo es Amazon einem nicht leicht macht. Trotzdem generiere ich alleine mit meinen Kartensets, die je Verkauf einen Gewinn nach Gebühren und vor Steuern von 1,50–2,20 € bringen, einen monatlichen fünfstelligen Gewinn. Du siehst, Kleinvieh macht auch Mist.

Gib Amazon FBA eine Chance. Wenn du einmal den Kniff raus hast, macht es wirklich Spaß. Du wirst weitere Nischen und Marktlücken erkennen und das Angebot erweitern. Ich habe keine Angst, zu teilen, was ich genau mache. Selbst wenn du am Ende auch Kartensets entwirfst, ist das okay. Es wird immer KundInnen geben, die mein Produkt mehr lieben und kaufen, und andersherum genauso.

ABGRENZUNG AMAZON KDP, MERCH ON DEMAND & FBA

	KDP	Merch	FBA
Produkt	E-Books und gedruckte Bücher	Merchandise (T-Shirts, Sweatshirts, Hoodies)	Physische Produkte aller Art, ausgeschlossen sind unzulässige Angebote und beschränkte Kategorien & Produkte
Anwendungszeit	Verkauf sofort möglich	Registrierung muss akzeptiert werden	Verkauf sofort möglich
Auszahlung	Umsätze werden 60 Tage nach Abschluss des Monats ausgezahlt	Umsätze werden 30 Tage nach dem abgeschlossenen Kalendermonat ausgezahlt, in dem verschickt wurde	Auszahlung unregelmäßig, Umsätze nach Algorithmus zur Auszahlung verfügbar, FBA hält Rücklage zurück für Retouren und mögliche Verbindlichkeiten aufgrund von z.B. Werbeanzeigen

	KDP	Merch	FBA
Anzahl der Artikel	Keine Beschränkung	Zehn mögliche Designs, nach zehn Design-Verkäufen ein Upgrade auf 25 Designs möglich, Rücklage wird eventuell von Merch einbehalten für Rücksendungen und Gebühren	An sich keine Beschränkungen; sollten Artikel nicht schnell genug abverkauft werden (laut Algorithmus der Verkäuferleistung in der Lagerbestandsplanung, online einsehbar), sind Beschränkungen für das weitere Auffüllen des Lagers möglich

AKTIEN & ETFS

Verwaltungsaufwand: wenig
Dauer der passiven Einnahmequelle: mittelfristig – langfristig
Eigenkapitalbedarf: wenig – viel

Von Aktien und ETFs hast du vermutlich schon mal gehört. Zur Einführung vorab: An der Börse lässt sich kurzfristig bis langfristig investieren und damit auch Geld verdienen. Wir beschäftigen uns hier aber nicht mit kurzfristigen Anlagen, sondern nur mit mittelfristigen bis langfristigen Anlagen. Natürlich kannst du auch tagtäglich an der Börse zocken, kurzfristige Investments tätigen und neueste Trends vorausschauend analysieren, um taktisch klug dein Geld von A nach B zu schieben. Doch sind wir mal ehrlich: Das ist ein wahrer Vollzeitjob und genau das wollen wir eben nicht. Unser Geld soll sich ganz von alleine mit möglichst geringem Aufwand selbst vermehren. Wir betrachten ausschließlich die Möglichkeit, passiv und ohne aktiven Zeitaufwand im Alltag Geld mit Aktien und ETFs zu verdienen.

Das Ziel von langfristigen Anlagen ist es in erster Linie, damit die Inflationsrate zu übertreffen und so den Werterhalt des Geldes zu sichern. Des Weiteren geht es natürlich um Renditen, also je nach Dauer und Wahl der Anlage zusätzliche Gewinne zu realisieren.

Nachfolgend erkläre ich dir die Unterschiede der Anlagemodelle sowie ihre Vor- und Nachteile.

AKTIEN

Mit dem Kauf von Aktien investierst du dein Geld in ein einzelnes Unternehmen. Du wirst so ein kleiner Miteigentümer, genauer gesagt: AktionärIn eines Unternehmens. Für welche Aktien du dich entscheidest, unterliegt natürlich deiner individuellen Entscheidung. Allgemein gehst du davon aus, dass das Unternehmen, in das du investierst, in den kommenden Jahren einen durchschnittlichen Gewinn erwirtschaften wird. Es ist nicht verkehrt, in eine einzelne Aktie zu investieren. Du solltest dir aber in jedem Fall der Risikokonzentration bewusst sein. Mit der Investition in ein einziges Unternehmen setzt du alles auf eine Karte. Das Risiko wird nicht gestreut. Zudem musst du wissen, dass das Aktienkapital das Grundkapital einer Aktiengesellschaft ist. Im Falle einer Insolvenz könntest du im Worst Case tatsächlich dein gesamtes Kapital verlieren (siehe Wirecard).

An dieser Stelle ein kleiner Exkurs zu meinem ersten Aktienkauf, der dir zeigen soll, mit welchem Ansatz du auf jeden Fall *nicht* in Aktien investieren solltest. Mit Anfang zwanzig gab es für mich die ersten Berührungspunkte mit der Börsenwelt. Da ich eher der Learning-by-doing-Typ bin, dachte ich, so schwer kann das gar nicht sein, und habe ganz nach Gefühl in meine erste Aktie investiert. Ich habe mir überlegt, welche Firmen ich so kenne und persönlich toll finde, und kam so auf Westwing. Mit Delia Lachance als Aushängeschild des Unternehmens hatte ich eine Person vor mir, mit der ich mich als angehende Unternehmerin identifizierte. Das reichte für mich damals aus, alles auf eine Karte zu setzen. Mein erstes Geld an der Börse investierte ich also in die Westwing-Aktie, ohne mir zurückliegende Trends, Prognosen oder die wirtschaftliche Situation des Unternehmens genauer angeschaut zu haben. Dass das Unternehmen tief in den roten Zahlen steckte und weit entfernt von Profitabilität war (rückläufige Umsätze, hohe Marketingkosten für Kundengewinnung, Ineffizienz in der Logistik), realisierte mein vielleicht etwas naives Ich erst später, als der Aktienkurs auch nach langen Perioden nicht steigen wollte. Im Gegenteil: Der Kurs sank beständig.

Es reicht also nicht aus, nur nach eigenem Gusto zu investieren. Egal ob es sich um eine einzelne Aktie oder ETFs handelt.

ETFS

ETF steht für *Exchange Traded Fund* (deutsch: börsengehandelter Indexfonds). Ein Indexfonds bildet einen Börsenindex nach und wird klassischerweise von einem Fondsmanager zusammengestellt. Da ETFs aber börsengehandelt sind – die Fondsanteile werden dort wie Aktien gehandelt –, kannst du, wie jeder andere auch, tagtäglich und unabhängig von einem Fondsmanager selbst investieren.

Der bedeutendste deutsche Index beispielsweise ist der DAX (Deutscher Aktienindex). Dieser misst die aktuelle Wertentwicklung der 40 größten und liquidesten Unternehmen des deutschen Aktienmarktes und spiegelt rund 80 % des deutschen Börsenwerts wider. Der Weltaktienindex MSCI World hingegen ist ein internationaler Aktienindex, der die Wertentwicklung von mehr als 1600 Unternehmen aus 23 Ländern abbildet.

In meinen Mentorings nutze ich gerne den Vergleich zu der großen Tortenauswahl in deiner Lieblingskonditorei. Jede Torte ist ein ETF, die sich durch ihre Zutaten voneinander unterscheiden. Wenn du 2 € für ein Tortenstück ausgibst, bekommst du je nach ETF ein unterschiedlich großes oder kleines Stück. Das liegt am aktuellen Börsenkurs. Rezept beziehungsweise Zutaten für die Torten entsprechen den Einzelaktien, die gemeinsam einen Indexfonds bilden. Die Konditorei hat nicht den Anspruch, neue Rezepte zu kreieren, weil sie weiß, dass die Torten aus den besten Zutaten bestehen.

Der Konditor versucht gerade nicht, durch die gezielte Auswahl von neuen Inhaltsstoffen das Rad neu zu erfinden (und im schlimmsten Fall zu scheitern). Ähnlich folgst du mit ETFs der Mehrheit und der durchschnittlichen Rendite eines Indexfonds. Es geht darum, in den Markt zu investieren und davon zu profitieren, nicht den Markt zu schlagen. Wir arrangieren uns lieber mit einer sicheren Durchschnittsrendite, als risikoaffin zu investieren und im schlimmsten Fall leer auszugehen.

Doch worin unterscheiden sich ETFs? Sie konzentrieren sich auf länderspezifische (zum Beispiel Deutschland), branchenspezifische (etwa erneuerbare Energien) oder nischenspezifische (Fokus auf Schwellenländer) Faktoren. ETFs bestehen aus vielen einzelnen Aktien (den Zutaten der Torte). Die große Diversifikation innerhalb eines ETFs führt dazu, dass Schwankungen einzelner Aktien durch andere Aktien ausgeglichen werden können. Du investierst breit und minimierst damit dein Anlagerisiko. Welche Aktien Teil eines Index sind, wird mehrmals jährlich überprüft. Ändert sich die Zusammensetzung des Index, so passt sich der ETF entsprechend an. Sei dir bewusst, dass du selbst keine Kontrolle darüber hast, wie sich die Struktur und Inhalte eines ETFs verändern. Deshalb spricht man bei ETFs auch von passiven Fonds.

VERGLEICH: ETFS (PASSIVE FONDS) VS. FONDSMANAGER (AKTIVE FONDS)

Lass uns einen Blick darauf werfen, was die konkreten Unterschiede zwischen aktiv und passiv gemanagten Fonds sind. In einen aktiv gemanagten Fonds zu investieren, kann die schnellere und praktischere Lösung sein. Du vertraust dein Geld fremden Händen an und gehst davon aus, dass die Person am besten weiß, wie daraus mehr wird. Aber genau das ist fahrlässig. Du würdest auch nicht einfach jemand Fremdem dein Geld auf der Straße geben und sagen: »Mach du mal, wir sehen uns in 15 Jahren wieder.« Ich plädiere immer wieder dafür, dass es in Sachen Geld und passivem Einkommen darum geht, in Eigenverantwortung zu gehen und Angebote und Modelle zu hinterfragen. Sobald du anfängst, dich für den Börsenkosmos zu interessieren, Wissen zu sammeln und Entwicklungen zu verfolgen, kannst du genauso gut die Rolle des Fondsmanagers übernehmen und sparst dir dabei auch noch Geld.

Der größte Unterschied zu passiven Fonds ist die Zielsetzung. Aktive Fonds verfolgen das Ziel, eine höhere Wertentwicklung als übliche Indexfonds zu erzielen und damit »den Markt zu schlagen«. Der MSCI World gilt als repräsentativer Marktdurchschnitt für die Industrieländer. Ein aktiv gemanagter Aktienfonds, der sich auf diese Länder konzentriert, vergleicht seine Auswahl an Unternehmen mit dem MSCI World und versucht, diesen Index zu toppen. Fondsmanager versuchen, die Aktien mit den künftig besten Kursentwicklungen auszuwählen, und bedienen sich dabei an Kennzahlen wie Umsatz- und Gewinnentwicklung, Verschuldungsgrad des Unternehmens, politischen Entwicklungen und Ereignissen sowie wirtschaftlichen Trends. Am Ende entsteht so ein Portfolio aus 50 bis 100 Aktien. Diese Methode wird auch als *Stockpicking* bezeichnet. Wie wir bereits wissen, bildet ein ETF, also ein passiver Fonds, einen bereits vorhandenen Referenzindex ab und macht es möglich, durch dein Investment an der Entwicklung des Referenzindex teilzuhaben. Aber nochmals: Du generierst mit passiven Fonds niemals eine Überrendite. Du gewinnst nicht mehr als der Markt. Du schwimmst mit der Masse mit und somit ist deine Rendite mit der Marktrendite gedeckelt.

KOSTEN

Die Kosten von aktiven Aktienfonds sind deutlicher höher im Vergleich zu passiven Fonds. Klassische Aktienfonds werden über deine Bank oder freie Anlageberater verkauft. Du bezahlst für deren Zusammenstellung und persönliche Empfehlung eine Provision von bis zu 5 %. Außerdem fällt oft noch eine Gewinnbeteiligung an. ETFs dagegen werden ohne externe BeraterInnen gekauft. Du bist dein eigener Manager. Es fallen keine Gewinnbeteiligungen an und die Anschaffungskosten sind meist pauschale Ordergebühren von 1 € und dem TER. Bei TER (Total Expense Ratio) handelt es sich um die pauschalen Gebühren (genauer gesagt die laufenden Kosten, die jedes Jahr anfallen), die der ETF-Anbieter dafür bekommt, dass er den ETF für den Anleger verwahrt und verwaltet. Die Gebühren liegen bei 0,1–0,5 % pro Jahr. Kommen für dich mehrere ETFs mit einem gleichen Index infrage, dann entscheide dich für den ETF mit der höchsten Rendite der letzten Jahre und der niedrigsten TER-Rate.

ERFOLG

Eine Scope-Analyse (die Scope Ratings GmbH ist eine von der europäischen Wertpapieraufsicht zugelassene Ratingagentur) hat den weltweiten Erfolg von aktiven Fonds 2021 bewertet. Weniger als drei von zehn aktiv gemanagten Fonds konnten dabei ihren Vergleichsindex, der einem Fonds als Vergleichsbasis für die Wertentwicklung gilt, schlagen. Die größten Erfolge lagen in Ostasien. Bei weltweit anlegenden Fonds hingegen konnten nur 13 % den MSCI World, den größten Vergleichsindex, übertreffen. Es scheint so, dass aktive Fonds besonders dann unter Druck geraten, wenn die Aktienkurse generell steigen, so wie 2021. Betrachtet man die aktiv gemanagten Fonds zum Vergleichsindex auf deutscher Ebene während der letzten fünf Jahre, so übertrumpfen immerhin 28 von 51 Fonds (55 %) den DAX. Fakt ist also, dass viele aktive Fonds ihre hohen Gebühren im Vergleich zu den passiven Anlagemöglichkeiten nicht rechtfertigen können.

ETFS LESEN UND VERSTEHEN

Nachdem du jetzt ein grundsätzliches Verständnis hast und weißt, was sich hinter den Begriffen verbirgt, möchtest du vielleicht direkt durchstarten. Weltweit gibt es über 8000 verschiedene ETFs – wie findest du da den richtigen, der zu dir passt? Die Namen der ETFs geben uns schon mal wertvolle Informationen über Inhalt und Struktur des Index. Trotzdem solltest du dich mit den Inhalten im Detail vertraut machen. Für unser Beispiel bedienen wir uns des folgenden ETFs:

ISHARES CORE MSCI WORLD UCITS ETF USD (ACC)

- *iShares* (das ist die ETF-Marke von BlackRock) ist der Herausgeber des Fonds.
- *Core* ist die Bezeichnung einer bestimmten ETF-Serie des Herausgebers *iShares*. Sie sagt aber nichts über den Inhalt des ETFs aus.
- *MSCI World* ist der Name des abgebildeten Aktienindex. In diesem Falle bildet er die Wertentwicklung von mehr als 1600 Unternehmen aus 23 Ländern ab.
- *UCITS* nenne ich immer das «Gütesiegel» unter den ETFs. UCITS bedeutet, dass der ETF den UCITS-Regeln der EU (*Undertakings for Collective Investments in Transferable Securities*,

deutsch: »Organismus für gemeinsame Anlagen in Wertpapiere« = OGAW) entspricht. Die ETFs erfüllen bestimmte Kriterien, die in der EU als Qualitätsmerkmal definiert wurden. So dürfen zum Beispiel maximal 20 % des ETF-Volumens in ein einziges Wertpapier fließen.
- *Acc oder C* steht für thesaurierend. Hinter thesaurierend versteckt sich im weitesten Sinne der Begriff Zinseszins. Deine Dividenden werden nicht ausgeschüttet, sondern zusätzlich in deinen ETF investiert. Du profitierst hier vom Zinseszinseffekt, und das ohne weitere Brokergebühren. Gerade wenn du dein Geld sowieso langfristig anlegen möchtest und nicht mit laufenden Dividenden rechnest, sind thesaurierende ETFs die richtige Wahl. Deine Erträge werden automatisch in neue Wertpapiere reinvestiert. Das Gegenteil von thesaurierend ist ausschüttend.
- *Dist oder Dis* bedeutet ausschüttender ETF. Das heißt, die Dividenden deiner Anlage werden jährlich an dich ausgeschüttet.
- *USD* steht für die Währung, mit der die Aktie notiert ist. In diesem Falle Dollar.
- Weitere wichtige Merkmale im Titel eines ETFs: *Emerging Markets* inkludiert Schwellenländer.

Achtung: Je nach Herausgeber unterscheidet sich der abgebildete Index marginal. Die Gewichtung der Länder unterscheidet sich in einem minimalen Umfang von 0,01–0,1 %, ebenso die Gewichtung der beinhalteten Unternehmen. Auch nicht uninteressant: Bei MSCI World handelt es sich um einen weltweiten Index, der aber zu über 60 % US-amerikanische Unternehmen abdeckt. Lass dich also nicht von Namen und Titeln blenden, sondern hinterfrage immer genau, was dahintersteckt und in welche Sektoren und Märkte du vertrauen möchtest.

ETF-SPARPLAN

Du möchtest jetzt bestimmt endlich wissen, wie du denn nun in deine eigenen ETFs investieren kannst. Ich empfehle dir, nur Geld zu investieren, das du in den nächsten Jahren nicht benötigst. Also lege eine Sparrate fest, die von deinem Konto abgehen kann, ohne dass du es wirklich wahrnimmst oder es dir wehtut.

Ziel eines Sparplans ist eine langfristige Anlage deines Geldes (Minimum 10 Jahre), deren Rendite die Inflationsrate übersteigt und so für regelmäßige Raten und eine passive Vermehrung deines Geldes sorgt. Mit einem Sparplan investierst du regelmäßig deine Wunschsumme in ausgewählte ETFs. Ich empfehle dir, zu Beginn in zwei bis drei verschiedene ETFs zu investieren, nach einem 70/30- oder 50/25/25-Prinzip. Dabei sollte dein größtes Invest einem ETF gelten, der in allen Kategorien, also nach wirtschaftlichen Sektoren, Schwellenländer- und Industrieländerbeteiligung, breit aufgestellt ist. Deine anderen beiden ETFs dürfen etwas nischiger sein, zum Beispiel mit Fokus auf Schwellenländern oder Tech-Unternehmen. In welchen Bereich du vertraust und wo du dein Geld setzen möchtest, ist eine ganz persönliche Entscheidung.

Bei einem Sparplan investierst du zu regelmäßigen Terminen, was dazu führt, dass du bei aktuell fallenden Kursen mehr Anteile für dein Geld bekommst als bei steigenden Kursen. Im besten Fall generierst du damit über die Jahre einen günstigen Durchschnittspreis. Das nennt man den Cost-Average-Effekt (Durchschnittskosteneffekt). Ob die Gleichung wirklich aufgeht, kannst du meist erst rückwirkend feststellen. Die Berechnung kann mitunter auch ergeben, dass Anleger mit einer Einmalanlage eine bessere Rendite erzielen als mit einem Sparplan.

Worauf wartest du noch? Es war noch nie so einfach und günstig wie heute, einen eigenen Sparplan zu erstellen. Ich empfehle dir, mit *Trade Republic* oder *Scalable* zu arbeiten. Beide Dienstleister sind als App nutzbar. Du zahlst hier keine Provision auf deine Rendite, die Ordergebühren betragen 1,00 €, und deinen Sparplan kannst du kostenlos erstellen. Es sind Sparraten ab 10,00 € zweimal monatlich, einmal monatlich oder quartalsweise möglich. Achtung: Mit jedem Invest von deiner Sparrate entstehen wieder Ordergebühren! Diese sind zwar nicht hoch, aber sie sollten dir bewusst sein. Deine Sparrate kannst du in deiner App bestimmen und anpassen. Damit dein Geld investiert werden kann, legst du zu deiner Sparrate einen Dauerauftrag für Überweisungen von deinem Konto auf dein Konto bei deinem Broker an.

EINMAL-INVEST VS. ETF-SPARPLAN

Lass uns einmal die Unterschiede zwischen einem Einmal-Invest in einen ETF und einem langfristigen ETF-Sparplan vergleichen. Wir gehen davon aus, dass du 10.000 € cash hast und du diese entweder sofort in vollem Umfang anlegst oder monatlich über 5 Jahre in einen thesaurierenden ETF. Inflation und Steuern wurden in diesem Rechenbeispiel nicht beachtet.

EINMAL-INVEST	ETF-SPARPLAN
Betrag vorhanden	Betrag entsteht aus regelmäßigen Raten
Invest sofort	Invest individuell, aber regelmäßig
Order über 10.000 € einmalig	167 € / Monat über 5 Jahre
Ordergebühr einmalig 1 €	60 x Ordergebühr = 60 €
Kapitalmarktentwicklung im Status quo	Kapitalmarktentwicklung + Zinseszins + möglicher Cost-Average-Effekt
100 % Aktienmarkt-Risiko ab Einstieg	Risiko verteilt sich, neue Entscheidungen sind möglich

Abgesehen von der Tatsache, dass höhere Ordergebühren durch die Summe der Orders über die Jahre verteilt entstehen, bringt ein ETF-Sparplan einige Vorteile mit sich. Das Anlagerisiko minimiert sich, Investitionsentscheidungen können immer wieder neu getroffen werden, abhängig von der Kapitalmarkt-, wirtschaftlichen und politischen Entwicklung. Der Zinseszinseffekt greift bei Nichtausschüttung der Rendite und durch regelmäßiges Anlegen kann über die Jahre der Durchschnittskosteneffekt entstehen (ob dieser eintrifft, zeigt sich erst rückblickend).

STEUERLICHE VORTEILE

Grundsätzlich haben wir seit 2023 alle einen Sparerpauschbetrag von 1000 € jährlich. Das bedeutet, dass Einkünfte bis zu einem Betrag von 1000 € steuerfrei sind. Um steuerliche Vorteile geltend machen zu können, müssen wir uns nochmals den Unterschied von thesaurierenden und ausschüttenden Anlagen genauer anschauen.

Investierst du in einen ausschüttenden Fonds, wird die Dividende jährlich an dich ausgezahlt und nicht automatisch reinvestiert. Diese gilt als Einkünfte und wird jährlich versteuert. Achte darauf, dass deine ausgeschütteten Dividenden nach Möglichkeit den Steuerfreibetrag von 801 € nicht übersteigen. Ansonsten fallen Kapitalertragsteuern von 25 % + Solidaritätszuschlag (5,5 %) = 26,375 % + gegebenenfalls zusätzliche Kirchensteuer (9 %, in Bayern und Baden-Württemberg nur 8 %) = 27,99 % an. Als Kapitalerträge bezeichnet man unter anderem Zinsen, Dividenden sowie Gewinne aus Aktien und Fonds. Diese werden als eine Quellsteuer abgeführt, also bereits von deiner Dividende abgezogen. Du bekommst also bereits den Nettobetrag ausgezahlt. Die Steuern werden nur bei Kapitalerträgen, also Gewinnen, fällig. Solltest du den Sparerpauschbetrag nicht überschreiten, kannst du bei deinem

Broker einen Freistellungsauftrag beantragen. Das geht bei *Traderepublic* und *Scalable* innerhalb von Sekunden über die App. So lassen sich bei 801,00 € bis zu 224,20 € Steuern sparen.

Bei thesaurierenden Anlagen gilt der Steuerstundungseffekt durch eine Vorabpauschale. Der Staat führt anteilig Steuern ab, um auch ohne Ausschüttung ebenfalls jährlich von deinen Einkünften zu profitieren. Die Abgabeformel lautet:

> Vorabpauschale = Wert des Fondsanteils zum Jahresbeginn multipliziert mit 70 % des Basiszinses

Das klingt kompliziert und die Berechnung ist tatsächlich auch nicht ganz einfach. Ich verlinke dir am Ende des Buches einen Rechner, mit dem du deine Vorsteuer ganz individuell berechnen kannst. Im Jahr 2022 entfiel die Vorsteuer komplett. Der Basiszins vom 3. 1. 2022 betrug -0,05 %. Da der Basiszins negativ war, fielen für 2022 keine Vorabpauschalen an.

Sollte dein Steuersatz unter 25 % liegen (bei einem Einkommen bis zu 14.962 €), bist du von der Kapitalertragsteuer befreit. Der Staat gewährt dir, nicht mehr Steuern auf Kapitalerträge zu zahlen als für deine sonstigen Einkünfte. Dafür musst du eine Nichtveranlagungsbescheinigung beantragen. Das geht ganz unkompliziert in *Elster*. Das ist übrigens auch relevant, solltest du ein Depot für dein Kind anlegen.

Noch ein Rechenbeispiel: Dein Depot enthält 10.000 € mit einer jährlichen Rendite von 1000 €. Davon werden dir 801 € als Sparerpauschbetrag direkt abgezogen, das heißt, 199 € werden noch versteuert. Du bist nicht in der Kirche, somit fallen Kapitalertragsteuern + Solidaritätszuschlag von insgesamt 26,375 % an, was in diesem Fall einen Betrag von 52,49 € ergibt. Diese werden direkt von deinem Broker an das Finanzamt abgeführt. Deine Ausschüttung beträgt somit 947,51 €.

WAS MÖGLICH IST MIT ETFS

Wir haben jetzt viel Wissen über ETFs gesammelt. Doch wie entwickelt sich mein investiertes Geld konkret über die Jahre? Hier ein weiteres Beispiel für ETFs als Einmal-Invest:

Gehen wir von einem thesaurierenden ETF aus, in den wir 10.000 € als Einmal-Invest anlegen. Steuern und Inflation bleiben unbeachtet. Ausgehend von unterschiedlichen durchschnittlichen Renditen von 4 %, 8 % und 12 % pro Jahr mit einem ETF-Portfolio möchte ich veranschaulichen, welche Renditen nach 10, 20 oder 30 Jahren möglich sind. Als Vergleich: Wer zehn Jahre lang in den globalen Aktienindex MSCI World investiert hat, konnte zwischen 2010 und 2020 eine durchschnittliche Rendite von rund 10 % erzielen. Hohe durchschnittliche Renditen sind keine Seltenheit, die individuellen jährlichen Renditen können aber sehr schwankend sein. Auch können Wirtschaftskrisen oder Rezensionen zu negativen Renditen über mehrere Jahre hinweg führen, sodass sich die durchschnittliche Rendite erst über eine längere Dauer der Anlage wieder positiv ausgleicht. Genauso können wirtschaftliche Booms zu Ausreißern der durchschnittlichen Renditen nach oben führen, die durchschnittliche Rendite pendelt sich aber auf lange Frist wieder auf einem niedrigeren durchschnittlichen Niveau ein. So oder so soll die Tabelle motivieren und deutlich machen, was mit ETFs alles möglich ist. Dein Geld vermehrt sich passiv, ohne dass dein aktives Zutun nötig ist.

Gehen wir von einem thesaurierenden ETF aus, in den wir 10.000 € als Einmal-Invest anlegen. Steuern und Inflation bleiben unbeachtet.

10.000 €	10.000 €	10.000 €
Durchschnittliche Rendite: 4 %	Durchschnittliche Rendite: 8 %	Durchschnittliche Rendite: 12 %
nach 10 Jahren: 14.802 €	nach 10 Jahren: 21.589 €	nach 10 Jahren: 31.058 €
nach 20 Jahren: 21.911 €	nach 20 Jahren: 46.610 €	nach 20 Jahren: 96.463 €
nach 30 Jahren: 32.434 €	nach 30 Jahren: 100.627 €	nach 30 Jahren: 299.599 €

ETFS FÜR KINDER ANLEGEN

Vielleicht hast du eigene Kinder oder ein Patenkind, für das du Geld anlegen möchtest. Der Gedanke ist richtig, denn ein besseres Geschenk kannst du über die Jahre deinem Kind nicht machen. Schulausbildung, Führerschein, Studium … Es werden noch so einige große Kostenpunkte auf euch als Familie zukommen, und es ist durchaus sinnvoll, schon früh genug regelmäßig dafür Geld zurückzulegen. Wenn Freunde oder Familie nach einer Geschenkidee fragen, schicke ihnen doch die Kontonummer von deinem *Traderepublic*- oder *Scalable*-Konto für das Kind. Es mag unromantisch klingen, aber über die Zeit gesehen, ist es genau das richtige Geschenk.

Investierst du beispielsweise das Kindergeld von 219 €, steht dem Kind zum 18. Geburtstag bei einer durchschnittlichen Anlagerendite von 8 % ein Vermögen von 102.000 € zur Verfügung (Steuer und Inflation nicht eingerechnet). Lass dir diesen Betrag mal auf der Zunge zergehen. Selbst mit einer kleineren Summe lässt sich über die Jahre eine stattliche Summe generieren, die dem Kind eine Unterstützung beim Start ins Erwachsenenleben geben kann. Eine große Reise nach dem Schulabschluss oder ein elektrischer Roller, um zur Ausbildungsstätte zu fahren ... Wofür auch immer das Geld am Ende genutzt wird, die Wunschliste ist bestimmt lang.

Option 1: Im Namen des Kindes anlegen

Ein Kind hat, genauso wie jeder andere deutsche Bürger, einen Sparerpauschbetrag von 801 €, den es im Jahr geltend machen kann. Zudem sind Kapitaleinkünfte, also Erträge auf das Depot, bis zum Grundfreibetrag (2022: 9984 €) zusätzlich Sonderausgabenpauschale (36 €) steuerfrei. Dadurch entsteht ein steuerfreier Betrag von 10.821 €. Auf alle weiteren Erträge fällt die Kapitalertragsteuer an. Wichtig ist, einmal jährlich die Nichtveranlagungsbescheinigung (NV-Bescheinigung) über *Elster* zu beantragen, sollten die Einkünfte nicht größer als der Grundfreibetrag sein. Das Kind benötigt auch ein eigenes Konto. Dafür sind die Geburtsurkunde und die Legitimation der Eltern erforderlich. Damit können Eltern auch nicht mehr ganz so einfach auf das Geld des Kindes zugreifen, da es im Besitz des Kindes ist. Das gilt unabhängig vom Alter des Kindes. Das Innenverhältnis des Vertragskontos bestimmt, welche Rechte die Eltern noch haben. Aktuell ist es so, dass BAföG nur zum vollen Satz beantragt werden kann, wenn das maximale Vermögen nicht größer als 8200 € ist. Diese Richtwerte werden sich in den nächsten 18 Jahren ändern, vielleicht sogar das Modell BAföG, aber ich möchte es nicht unerwähnt lassen.

Das Geld im Namen des Kindes anzulegen, hat Vor- und Nachteile. Ein schneller Zugriff auf das Geld ist fortan erst mal nicht möglich, deswegen womöglich lieber mit einer kleineren regelmäßigen Rate starten und diese nach Möglichkeiten aufstocken. Auch unbedingt darauf achten, wer alles Geld auf das Konto des Kindes überträgt. Oma und Opa möchten vielleicht auch etwas beisteuern. Dabei sollte man die Summe des Geldes immer im Blick behalten.

Option 2: Im Namen der Eltern beziehungsweise der investierenden Person

Der wesentliche Unterschied besteht darin, dass kein zusätzlicher Sparerpauschbetrag zur Verfügung steht. Die Erträge summieren sich auf deine erwirtschafteten Erträge, die du voll versteuern musst. Dafür ersparst du dir die jährliche NV-Bescheinigung und hast jederzeit Zugriff auf das Geld.

IMMOBILIEN

Verwaltungsaufwand: mittel
Dauer der passiven Einnahmequelle: langfristig
Eigenkapitalbedarf: hoch

Trotz regelmäßiger Einzahlung in die Rentenkasse selbst über Jahrzehnte hinweg wird deine gesetzliche Rente bis zum Renteneintritt nicht mehr zum Leben reichen. Egal ob angestellt oder selbstständig, du solltest dir so früh wie möglich Gedanken über andere langfristige Passive Money-Quellen machen. Auch sorgt die steigende Inflation dafür, dass dein Geld täglich entwertet wird. Solltest du bereits Geld angespart oder vielleicht eine größere Summe geerbt haben, sind Immobilien nach wie vor eine der sichersten langfristigen Anlagen. Dennoch kann man sich hier schnell eine Immobilie ans Bein binden, die am Ende für mehr Kosten als Rendite sorgt. Lass uns gemeinsam in die Thematik einsteigen.

KAPITALANLAGE ODER EIGENNUTZUNG

Es macht einen großen Unterschied, ob du eine Immobilie für die Eigennutzung oder für die Vermietung kaufst. Gerade angesichts des immer größer werdenden Wohnungsmangels in Ballungsräumen und Großstädten bietet sich der Erwerb von Wohneigentum als Lösung dafür an, um unabhängig und sorglos in den eigenen vier Wänden wohnen zu können. Du kannst selbst über Modernisierungen entscheiden und plötzliche Mieterhöhungen oder Kündigung wegen Eigenbedarf sind Probleme von gestern. Auch sind die Finanzierungsmöglichkeiten oft günstiger bei Eigennutzung. Ebenso hast du die Möglichkeit, KfW-Förderungskredite in Anspruch zu nehmen, etwa für die Umstellung der Heizungsanlage auf erneuerbare Energien. Und natürlich profitierst du auch von der Wertsteigerung der Immobilie bei attraktiver Lage und prosperierender wirtschaftlicher Entwicklung am Ort der Immobilie.

Ein großer Nachteil des Immobilienerwerbs ist, dass du im Vergleich zu einer Kapitalanlage fast nichts steuerlich geltend machen kannst. Deshalb ganz allgemein: Eine Immobilie zur Eigennutzung ist keine klassische Passive Money-Quelle. Sie erzielt keine zusätzlichen Einnahmen, du sparst lediglich Ausgaben. Doch weiterhin musst du Nebenkosten zahlen und Rücklagen für Reparaturen bilden.

Eine Immobilie, die du vermietest, bietet dir dagegen eine Altersvorsorge durch zusätzliche Mieteinnahmen oder die bei einem möglichen Immobilienverkauf realisierte Rendite. Je nach Finanzierung ist dein Geld bei einem Immobilienerwerb auch gut gegen Inflation geschützt, etwa durch steigende Mietraten oder eine entsprechende Verkaufsrendite.

In der Praxis läuft ein Immobilienkauf mit Hilfe eines Kredits folgendermaßen ab: Du als KreditnehmerIn zahlst jeden Monat den vertraglich festgehaltenen Kreditbetrag. Das Annuitätendarlehen besteht aus einer fixen Rate (bei fixem Zinssatz), der aus einem Zins- und Tilgungsanteil besteht. Mit dem Tilgungsanteil zahlst du deiner Bank den Betrag zurück, den du dir geliehen hast. Mit dem Zinsanteil hingegen die Kosten dafür, dass deine Bank dir das Geld geliehen hat. Über die Laufzeit deines Kredits nimmt der Zinsanteil ab und der Tilgungsanteil zu. Es wird ein anfänglicher Tilgungssatz von 2 % empfohlen. Allerdings steigt der Tilgungsanteil in deiner Kreditrate, da mit jedem Monat deine Restschuld weniger wird und der Zinssatz auf den noch offenen Betrag berechnet wird. Die Rückzahlungsrate bleibt aber unverändert.

> Restschuld wird kleiner = Zinsrate sinkt
> Anfängliche Tilgungsrate steigt mit jedem Tilgungsmonat

Das bedeutet auch, dass deine Kreditrate unverändert bleibt, egal wie sich die Inflation entwickelt. Der eigentliche Wert verändert sich aber mit der Zeit. Durchschnittlich beträgt der jährliche Wertverlust durch die Inflation 2 %. So war es zumindest bis zum Ukraine-Krieg 2022 und der dadurch hervorgerufenen Energiekrise. Dadurch stieg die Inflation 2022 auf rund 7 % an, 2023 lag sie immer noch bei etwa 6 %. Je länger die Laufzeit, desto mehr profitierst du von der Inflation. Denn wenn die Inflation steigt, wird alles teurer. Nur nicht der Kredit. Denn für den gelten immer noch dieselben Bedingungen wie einige Jahre zuvor, als du die Finanzierung abgeschlossen hast.

Du profitierst mit einem Immobilienkauf also doppelt. Der Wert der Kaufsumme und des zurückzuzahlenden Darlehens nimmt ab durch den allgemeinen Wertverlust des Geldes. Gleichzeitig wird das Leben teurer, der Preis der Immobilie steigt dadurch und zusätzlich auch die möglichen Mieteinnahmen. Damit du bei diesem Geschäft wirklich GewinnerIn bist, muss allerdings die Lage deiner Immobilie stimmen.

Immobilien

LOHNT SICH EIN IMMOBILIENKAUF HEUTE NOCH?

Laut Immoverkauf24 sind in 2022 die Häuser- und Wohnungspreise in Großstädten um mehr als 11 Prozentpunkte gestiegen. Bis 2022 waren die Bauzinsen besonders niedrig. Kaum war ein Objekt inseriert, war es auch schon wieder vom Markt. Geld zu beschaffen, war einfach wie nie. Hinzu kamen Strafzinsen, die es sinnlos machten, ein großes Vermögen einfach auf der Bank liegen zu lassen.

Seit 2022 werden die Leitzinsen von der EZB erhöht. Wenn der Leitzins steigt, wird es für Banken teurer, sich von der Zentralbank Geld zu leihen. Kredite werden teurer. In der Theorie bedeutet das, dass Unternehmen Investitionen verschieben und Privathaushalte ihren Konsum reduzieren. Die Nachfrage sinkt, und das hat zur Folge, dass die Preise fallen. Das Ziel der EZB-Maßnahmen ist es, dass die Inflationsrate mittelfristig wieder einen Wert von 2 % erreicht. Spätestens 2022 sind die Bauzinsen spürbar angestiegen, was die Nachfrage nach Immobilien reduziert. Es ist schwieriger und auch schlichtweg oft nicht mehr rentabel, eine Immobilie zu finanzieren. Das hat zur Folge, dass Objekte länger auf dem Markt bleiben. Immobilienpreise fallen, neue Verhandlungsspielräume, die vorher nicht gegeben waren, tun sich plötzlich auf. Laut dem Marktreport von McMakler sind die Immobilienpreise im deutschen Raum im ersten Quartal 2023 im Vergleich zum Vorquartal um 1,9 % gesunken. Verglichen mit dem Vorjahresquartal sind die Preise sogar um 6,2 % zurückgegangen.

Trotz der aktuell etwas ungünstigeren Situation haben sich Immobilien aber über die Jahre als sichere Kapitalanlage bewährt. Ein vorübergehender Rückgang der Immobilienpreise kann sich langfristig wieder positiv entwickeln. Wichtig ist, dass man es sich leisten kann, den Verkaufszeitpunkt flexibel zu halten, und ein Verkauf nicht aus finanzieller Not heraus erfolgen muss.

IMMOBILIE FINDEN

Beim Immobilienkauf als Kapitalanlage gibt es mehrere Faktoren, die es zu beachten gilt: Lage, Art der Immobilie, Ausstattung, Zustand (sowohl äußerlich als auch Elektroinstallationen, Wasserleitungen, Heizungsanlagen). In einer Universitätsstadt kann es Sinn machen, in Studierendenapartements zu investieren, die nicht frisch saniert sein müssen. In einer Wohngegend für Familien kann eine Doppelhaushälfte mit mehreren kleinen Zimmern sinnvoller sein. Der angebotene Kaufpreis muss mit dem Angebot des Marktes verglichen werden. Was kosten Objekte mit einer ähnlichen Quadratmeterzahl, Lage und Ausstattung? Deshalb empfiehlt es sich, den Markt eine Zeit lang erst mal zu beobachten. Und auch darauf zu achten, ob Angebote länger auf dem Markt sind oder schnell vom Markt verschwinden. Das verrät einiges über Handlungsspielräume.

Eine aussagekräftige Größe ist auch der Kaufpreis im Verhältnis zur möglichen oder zur aktuellen Miete, sollte das Objekt vermietet verkauft werden. Mehr als das 25-Fache der Jahresnettokaltmiete sollte der Kaufpreis nicht betragen, eher etwa das 20-Fache der Jahresmiete. Das gilt allerdings nur als Richtwert. Ich rate dir, in einer Umgebung zu suchen, in der du vielleicht selbst lebst oder aufgewachsen bist und die Preise einschätzen kannst. Solltest du nicht dort leben und dich auch nicht auskennen, dann tausche dich mit Menschen aus, die hier wohnen: über geplante Bauvorhaben vor Ort, Infrastruktur, aktueller Immobilienumsatz. Ich selbst habe meine Immobilie im Prenzlauer Berg in Berlin gekauft, wo ich selbst über sieben Jahre gelebt habe. Ich kenne die Preise und die Wohnungsknappheit dort. Wohnungen werden oft selbst bei Umzug in eine andere Stadt nicht gekündigt, sondern zu Wucherpreisen untervermietet. Hier habe ich mich ausgekannt, und deshalb war ich mir hier sicher, wie die Immobilienpreise einzuschätzen sind, und wusste, was ich an Miete verlangen kann.

ABLAUF IMMOBILIENKAUF

1. Besichtigung

Wenn du Interesse an einem Objekt hast, das inseriert ist, dann vereinbare einen Besichtigungstermin. Lass dir alles ganz genau zeigen und frage aktiv nach, wann die Leitungen das letzte Mal saniert wurden und ob bauliche Maßnahmen geplant sind. Bist du dir unsicher, ob du nicht doch einen Schimmelfleck entdeckt hast, kannst du immer einen unabhängigen Gutachter beauftragen (und die Kosten absetzen). Sicher ist sicher! Auch die Protokolle der Eigentümerversammlung und deren Beschlüsse geben wichtige Auskünfte.

2. Eigenkapital & Finanzierung

Sind Bausubstanz und Preis okay, gilt es, Finanzierungsangebote einzuholen. Als die Zinsen 2021 noch niedrig waren, musste man schnell sein. Immobilien waren teilweise nach einem Tag schon weg. Da die Zinsen seitdem deutlich angezogen haben, aber die Kaufpreise noch nicht wirklich gesunken sind, hast du jetzt mehr Spielraum bei finalen Verhandlungen zum Kaufpreis im Vergleich zu vor ein paar Jahren, als die Bauzinsen deutlich niedriger waren. Natürlich ist das sehr allgemein gesprochen. Es kommt immer auf Lage, Angebot und Nachfrage sowie allgemein auf die gesamtwirtschaftliche Lage des Landes an.

Hole dir für die Finanzierung mehrere Angebote von Banken ein. Es kann sein, dass die lokale Sparkasse günstigere Angebote hat als große Banken, oder andersherum. Solltest du selbstständig sein, gibt es Banken, die dich kategorisch ablehnen. Lass dich davon nicht einschüchtern. Frag auch nach bei Vermittlern für Baufinanzierungen, die können oft Darlehen von anderen Banken oder Versicherungen zu niedrigeren Zinsen besorgen.

Bei der Finanzierung gibt es verschiedene Parameter, die den Zinssatz beeinflussen. Ganz allgemein: Je mehr Sicherheiten wie Eigenkapital du mitbringst, desto besser wird dein Zinssatz sein. Du musst dich auch festlegen, für welchen Zeitraum du deinen Zinssatz festlegen möchtest. Je kürzer die Laufzeit, desto günstiger der Zinssatz. Du hast aber auch das Risiko, dass der Zinssatz bis zur Prolongation (wenn die erste Laufzeit ausgelaufen ist und das Restdarlehen verlängert werden muss) wieder steigt. Hier gibt es keine richtige Antwort, da niemand in die Zukunft blicken kann. Noch vor zwei Jahren, als die Bauzinsen auf dem Tiefpunkt waren, war es angeraten, sich eine möglichst lange Laufzeit für einen Zinssatz zu sichern. Ob das aber auch in zehn Jahren noch die richtige Antwort ist, wissen wir nicht. Erst rückblickend wissen wir wirklich, ob wir die richtige Wahl getroffen haben.

Außerdem legst du deine Tilgungsrate fest. Diese sollte am Anfang bei circa 2–3 % der Kreditsumme liegen. Generell wird die Finanzierung maximal bis zu deinem gesetzlichen Renteneintritt festgelegt. Darüber hinaus geht die Bank davon aus, dass du nicht mehr erwerbstätig bist und ihr keine Sicherheiten mehr bieten kannst. Das heißt, es wird dann in fortgeschrittenem Alter sehr schwierig, noch ein entsprechendes Darlehen zu bekommen. Ausnahmen gelten vielleicht noch für Beamte, die eine relativ hohe Pension zu erwarten haben.

Theoretisch ist eine Vollfinanzierung der Immobilie möglich, also inklusive Nebenkosten. Das klappt aber nur in den seltensten Fällen und dann auch nur mit sehr vielen Sicherheiten im Hintergrund. Ist aber Bargeld da, dann macht es Sinn, dieses auch einzusetzen für den Werterhalt des Geldes. Denn auf dem Girokonto verliert es jeden Tag an Wert. Klassischerweise müssen mindestens die Kaufnebenkosten getragen werden und 10–20 % des Kaufpreises.

Zu den Kaufnebenkosten gehören:
- Makler: 3,57 % des Kaufpreises
- Notar: 1,5 % des Kaufpreises
- Grundbucheintrag: 0,50 % des Kaufpreises
- Grunderwerbssteuer: je nach Bundesland 3,5–6,5 %

Ist eine Modernisierung oder Sanierung der Immobilie gewünscht, kannst du diese Kosten auch mitfinanzieren lassen. Beachte hier auch den Mietausfall während dieser Zeit.

In jedem Fall musst du dir ein persönliches und individuelles Angebot einholen. Auch ich, die ich selbstständig bin und sich bei der Bank komplett nackig machen muss, habe eine super Finanzierung bekommen. Natürlich gab es Banken, die mich kategorisch abgelehnt haben, weil ich selbstständig bin. Andere haben neuartige Berufe nicht verstanden oder wollten sie nicht verstehen und haben abgesagt. Letztendlich war entscheidend, dass ich über zwei Jahre hinweg kontinuierlich und in steigendem Maße Umsätze generiert habe.

3. Kauf

Wenn alle Parameter stimmen, geht es zum Notar zur Beurkundung, und der Kaufvertrag wird unterschrieben. Sobald die Grunderwerbssteuer bezahlt ist und die Auflassungsvormerkung im Grundbuch vorliegt, tritt die Kaufpreisfälligkeit ein. Der Notar informiert dich darüber. Danach hast du zwei Wochen Zeit, den Kaufpreis zu bezahlen beziehungsweise der Bank den Kaufpreis zu übermitteln. So schnell geht's, und du bist EigentümerIn.

SANIERUNG

Ich habe meine Wohnung absichtlich in einem unrenovierten Zustand gekauft mit der Absicht, sie zu sanieren und sie damit zu einer höheren Mietrate vermieten zu können. Das war eine ganz bewusste Entscheidung. Ob diese Rechnung aufgeht, musst du für deinen Case ganz genau durchrechnen.

Als ich meine Wohnung im Prenzlauer Berg kaufte, habe ich sogar schon in München gelebt und die Wohnung aus der Ferne mit einem Generalunternehmen sanieren lassen. Das Bad wurde komplett erneuert, Böden herausgerissen, der alte Dielenboden abgeschliffen, Raufasertapeten entfernt und eine Einbauküche eingebaut. Nach der Sanierung vermiete ich die Wohnung jetzt für eine um 500 € höhere Kaltmiete. Die Sanierungskosten von rund 25.000 € haben sich somit in vier Jahren und zwei Monaten amortisiert. Profitieren tu ich aber von der Sanierung noch mindestens 20 weitere Jahre und auch der allgemeine Marktwert ist dadurch gestiegen. Das kann also ein relevanter Case für einen Immobilienkauf sein. Aber das ist Typsache, ob man das möchte. Ich selbst habe große Freude daran, den Charme einer Wohnung wiedererwecken zu lassen, und empfinde es auch nicht als Mietwucher, wenn ich eine sanierte Wohnung teurer vermiete als eine unrenovierte Wohnung.

STEUERLICHE VORTEILE

Du kannst bei einem Immobilienkauf als Kapitalanlage sehr viele Posten steuerlich geltend machen.
- Erwerbsnebenkosten
- Anteil für Grund und Boden
- Notar und Grundbuchgebühren

- Zinskosten
- Anwendung laufender Kosten (zum Beispiel auch Versicherungen)
- Abschreibung für Abnutzung (2 %)
- Modernisierungskosten sind sofort absetzbar. Gibst du innerhalb von 36 Monaten nach Übernahme der Immobilie aber mehr als 15 % der Gebäudeanschaffungskosten für die Sanierung aus, ist keine sofortige Absetzung möglich.

Die Auflistung soll dir eine erste Orientierung geben. Keine Regel ohne Ausnahme. Kläre für deinen individuellen Fall deine Abschreibungsmöglichkeiten mit einem Steuerberater. Spätestens jetzt macht es Sinn, sich steuerrechtlichen Support zu holen, damit du alle Abschreibungsmöglichkeiten optimal ausnutzen kannst.

Aber: Mieteinnahmen sind nicht steuerfrei. Sie zählen steuerrechtlich zu deinen Einkünften.

VERMIETUNG

Ich hatte das Glück, eine Wohnung zu kaufen, die nicht vermietet und provisionsfrei war. So habe ich mir die Maklercourtage von 3,57 % gespart. Mir war es wichtig, dass ich mir meine Mieterin selbst aussuchen konnte und auch nicht an einen alten Mietvertrag gebunden war, den ich nicht aufgesetzt habe. So habe ich eine Mindestmietdauer von einem Jahr sowie ein Verbot von Untermiete in den Mietvertrag reinsetzen lassen und eine Mietminderung bei Sanierungen im Haus (die anstehen und kommuniziert wurden) ausgeschlossen. Es ist wirklich wichtig, dass du deinen Mietvertrag mit Bedacht wählst. Eine Staffelmiete oder eine Begrenzung der Mietdauer habe ich dagegen kategorisch ausgeschlossen. Das ist etwas, das ich selbst nicht unterschreiben möchte. Meine Mieterin soll sich wohlfühlen und keine Angst haben, in einem Jahr wieder ausziehen zu müssen.

KRITISCHE EINORDNUNG

Wenn Bargeld oder Sicherheiten vorhanden sind, spricht alles für einen Immobilienkauf. Er ist eine der sichersten Möglichkeiten, dein Geld langfristig anzulegen. Mir gibt es auch ein Gefühl der Sicherheit, zu wissen, dass, wenn irgendwann mal etwas passieren sollte, ich immer noch eine Wohnung in Berlin habe, in der wir es uns gemütlich machen können. Ich finde es schön, Vermieterin zu sein, und empfinde es als nicht sehr arbeitsintensiv. Meine Mieterin meldet sich aber auch nicht bei jeder Kleinigkeit und schließt ihre Waschmaschine selbst an. Deswegen auch genau schauen, mit wem du ein Mietverhältnis eingehst. Sollte das Objekt bereits vermietet sein und die Finanzierung mit den aktuellen Mieteinnahmen nicht gedeckt sein, kannst du natürlich versuchen, die Mieter rauszuklagen. Das kostet dich viel Zeit und im Zweifel viel Geld und ein Erfolg ist nicht absehbar – Eigenbedarf ist ja nicht zutreffend. Ehrlich gesagt käme das für mich nie infrage. Mein Karma-Konto würde dadurch viele Punkte verlieren und energetisch würde sich das für mich gar nicht gut anfühlen. Im Nachhinein bin ich auch sehr dankbar für eine engagierte Hausverwaltung und den Hausmeister. Es ist dem Objekt doch anzusehen, ob Probleme schnell gelöst werden und sich jemand dafür interessiert oder nicht.

In Ballungsräumen kann auch eine Vermietung von möblierten Wohnungen ein Business-Case sein. Du generierst dadurch deutlich höhere Mieten, musst aber auch mit Abnutzung und möglichen Leermieten kalkulieren. Das ist nur umsetzbar, wenn du selbst vor Ort bist.

HILFREICHE TOOLS

Zum Abschluss möchte ich dir noch Anwendungen empfehlen, die ich zur Organisation, Automatisierung und Optimierung nutze.

THRIVECART

Selbst wenn du noch keine eigene Website hast, kannst du Leistungen verkaufen. Für meine Coaching-Angebote nutzte ich *Thrivecart*. Ich kann Salespages individuell nach meinen Vorlieben anpassen, und, was mir am wichtigsten ist: Meine KundInnen können mit einem Klick kaufen. Kein ewiges Suchen nach dem Kaufen-Button auf einer Website, keine langen Texte, die von einem Kauf vielleicht sogar abhalten, und auch keine laufenden Shop-Gebühren. *Thrivecart* kostet für eine lebenslange Nutzung 495 Dollar. Kein günstiges Angebot. Aber im Gegensatz zu Konkurrenzprodukten wie *Copecart* entstehen keine weiteren Gebühren bei Abschluss eines Kaufes. *Copecart* ist kostenfrei, dafür bezahlst du 4,9 % +1 € pro Verkauf. Kostet dein Angebot beispielsweise 100 €, sind das 5,90 € je Buchung. Bei 84 Buchungen hast du schon die Gebühr von *Thrivecart* erreicht. Danach zahlst du jedes Mal drauf und gibst unnötigerweise etwas von deinem Kuchen ab. Gerade wenn du dein Angebot schmal halten möchtest und deinen Aufwand minimal, dann macht eine einfache Salespage Sinn. Schnittstellen zu *Paypal* oder *Stripe* kannst du unkompliziert einrichten. Auch eine automatische Rechnungsstellung ist integriert.

NOTION

Ich liebe *Notion,* und ich wundere mich darüber, dass es noch nicht so bekannt ist wie andere Tools, noch dazu, weil es kostenfrei ist. *Notion* ist meine Wissensdatenbank. Alles, was von Anfang an nur in meinem Kopf ist, habe ich dort aufgeschrieben: sei es alles rund um die Corporate Identity wie Farbcodes des Logos, Posting-Pläne für Social Media, Dos & Don'ts in der Kommunikation, E-Mail-Vorlagen oder Abläufe. Sobald du Prozesse abgeben möchtest, ist es äußerst hilfreich, wenn du aufgebaute Strukturen und wichtige Informationen an einem Ort abgespeichert hast. Bevor du verschiedene Dokumente zu einzelnen Themen anlegst und, wenn es darauf ankommt, niemals wiederfindest, was du suchst, kannst du auf Notion alles in Ordnern und Unterordnern strukturieren. Zudem sind Verknüpfungen zu externen Dokumenten möglich und natürlich das Teilen der Datenbank mit deinen MitarbeiterInnen. *Notion* erleichtert es beiden Seiten, auf dort gespeicherte wichtige Informationen zurückzugreifen. Telefonate erledigen sich, wenn alles Wichtige dort zu finden ist. Zudem ist es eine wichtige Absicherung, sollte mal etwas schieflaufen, dass sich beide Seiten auf die festgehaltene Vorgehensweise berufen können. Fang möglichst gleich beim Start deines Business an, Notion zu füllen. Nachträglich ist es oft lästig und arbeitsintensiv. Im weiteren Verlauf können deine MitarbeiterInnen die Seiten ergänzen und weiter aufbauen (mit der Struktur, die ihr festgehalten habt). Habe ich schon gesagt, wie sehr ich Notion liebe?

CANVA

Ich weiß nicht, wie Unternehmen, die digital unterwegs sind, ohne *Canva* agieren. *Canva* ermöglicht dir auch ohne Designskills, mit dem Drag-and-Drop-Prinzip Vorlagen mit deinen Inhalten zu füllen und anzupassen. Damit kannst du moderne und professionelle Präsentationen, Social-Media-Postings, Einladungen und vieles mehr erstellen. Eine absolute Bereicherung und für wirklich jeden umsetzbar. Sogar meine Rechnungsvorlage habe ich mit *Canva* erstellt.

ZAPIER

Zapier kennt ihr schon aus den vorherigen Kapiteln. Wenn es um Automatisierungen geht, dann ist *Zapier* die Nummer eins. Es lassen sich damit nicht nur Wenn-dann-Szenarien durchspielen, sondern auch die Arbeitsabläufe unterschiedlicher Softwares automatisieren und miteinander verknüpfen. Wenn mein Produkt bei *Thrivecart* gekauft wird, dann wird automatisch eine personalisierte E-Mail rausgeschickt mit einem Link zum Kurs. Zwei Wochen nach Kauf wird automatisch eine weitere E-Mail versandt, in der ich meine KäuferIn nach einer Bewertung zu meinem Kurs frage. Alle anderen Web-Anwendungen und Softwares lassen sich hier verknüpfen. Von *Zapier* gibt es auch eine kostenfreie Version.

GOOGLE DRIVE

Ich denke, jeder kennt *Google Drive*. Es ist das Gleiche wie Word-Dateien auf deinem Desktop, nur dass sie in einer Cloud gespeichert sind. Bereits vorhandene Dateien von deinem Desktop kannst du hier hochladen. Alle Word- und Excel-Dateien erstelle ich ausschließlich hier. Rechte zum Einsehen oder Bearbeiten kann ich mit meinen MitarbeiterInnen teilen, sodass sie diese nutzen können. Ich erstelle hier vor allem Rechnungen und Verträge.

FLODESK

Du möchtest eine Warteliste erstellen oder einen Newsletter rausschicken? *Flodesk* bietet moderne und wirklich unkomplizierte Vorlagen, die als Onepager funktionieren. Du kannst verschiedene Listen mit E-Mail-Adressen erstellen, an die du die jeweiligen E-Mails verschicken möchtest. Ich selbst bin kein Fan von Newslettern, nutze *Flodesk* aber als Wartelisten-Funktion und verlinke die Seite in meiner Instagram-Bio und auch auf meiner Website, zum Beispiel für die Warteliste von Eins-zu-eins-Mentorings oder von Pre-Sale-Preisen von Coaching-Angeboten.

TO DO

Wenn es eine App gibt, die ich tagtäglich nutze – privat und beruflich –, dann ist es *To Do*. Ich habe ein absolutes Kurzzeitgedächtnis und schnell das Gefühl, dass mir der Kopf platzt. Die App ist super basic und ohne Chichi, aber absolut funktional. Hier habe ich verschiedene Listen, in die ich meine To-Dos eintragen und mit einem Klick abhaken kann. Listen können geteilt werden mit MitarbeiterInnen und du hast jederzeit eine Übersicht über (noch nicht) erledigte Aufgaben. Zusätzlich können noch stichpunktartige Informationen zu den Aufgaben ergänzt oder ein kurzer Text verfasst werden. Ich beschränke mich am liebsten auf die Aufgaben. Was ich auch daran liebe: Jedes Mal, wenn ich eine Aufgabe wegstreiche, ertönt ein sehr befriedigendes Bing, das in mir ein Glücksgefühl auslöst. Vielleicht geht es dir ja auch so.

DATEV

Meine Schnittstelle, um Belege und Rechnungen bereits digital abzulegen und einzusortieren, damit die Steuervoranmeldungen und Erklärungen fristgerecht abgeschickt werden können. Es spart mir Kosten, wenn ich die Arbeit selbst mache. Gleichzeitig ist es mir wichtig, selbst einen Überblick über die Kostendynamik zu haben. Mein Steuerberater kann darauf zugreifen und mein Konto lässt sich für Zahlungsströme verbinden.

DO THE WORK

Congratulations! Du hast jetzt wirklich alles im Gepäck, damit du loslegen kannst, passive Einnahmen zu generieren. All das dafür benötigte Wissen, meine eigenen Erfahrungen und praktische Anwendungsbeispiele habe ich in diesem Buch vermittelt. Jetzt gilt es, den ersten Schritt zu gehen und kontinuierlich dranzubleiben.

ANFANGEN

All das Wissen, Insights, Learnings und Beispiele, die ich dir in den letzten Kapiteln mit auf den Weg gegeben habe, können ganz schön überwältigend sein. Der Kopf raucht, Ideen entstehen, das Bild wird klarer und neue Fragen kommen hinzu. Wenn du dieses Feuer in dir spürst, loszulegen und dein eigenes Ding zu machen, dann nutze diesen Antrieb. Diesen Flow-Zustand solltest du nutzen! Dann fällt es besonders leicht, neue Dinge umzusetzen. Fang so schnell wie möglich damit an, dich mit deiner persönlichen Passive Money-Quelle auseinanderzusetzen und dir dein Fundament aufzubauen. Der Anfang ist meistens das Schwerste. Aber nicht weil es besonders kompliziert, sondern weil es der Sprung ins kalte Wasser ist. Dieser Schritt ist der wichtigste, niemand wird ihn dir abnehmen. Aber was ist, wenn das Wasser doch angenehm warm ist wie in einer Badewanne, aus der du gar nicht mehr herauskommen magst? Trau dich, denn du hast nichts zu verlieren. Wann immer Zweifel aufkommen, frage dich, was im schlimmsten Fall passieren kann. Nicht viel. Du kannst Geld auf dem Weg verlieren, ja, aber auch richtig viel Geld gewinnen! Du wirst so oder so Erfahrungen sammeln und unfassbar viel lernen.

Bevor du ohne Strategie und Analyse Produkte für deinen Shop einkaufst oder eine Produktion bei einem Hersteller freigibst, gestehe dir erst mal den Raum und die Zeit zu, um zu kalkulieren und den Markt zu beobachten. Ich werde nicht müde zu sagen, dass es nicht darum geht, das Rad neu zu erfinden, sondern vielmehr deinen USP, also dein Alleinstellungsmerkmal, zu finden. Denn da draußen gibt es viele clevere Füchse, die genau das Gleiche machen wie du. Vielleicht gibt es Produkte, bei denen der Markt schon komplett ausgeschöpft ist (zumindest aktuell), andere sind noch nicht richtig digital verfügbar oder zu kompliziert für den Nutzer zu erreichen.

Wenn du dir noch nicht sicher bist, welches Produkt es wird, dann halte einfach deine Augen offen. Beobachte dein eigenes Konsumentenverhalten, höre zu, wenn du mit FreundInnen und KollegInnen sprichst. Was hat sie geärgert, was ist zu teuer, was ist schwer zu finden? Alle meine Produktideen sind auf genau diese Weise entstanden. Ich habe eine schöne Geburtstagskarte bei Amazon gesucht und gemerkt, dass die Ergebnisse der ersten Seiten entweder zu kitschig oder zu oberflächlich sind. Ich habe gesehen, dass es hier eine große Marktlücke gibt, und mich umgesehen, welche weiteren Produkte in der Sparte fehlen: Glückwünsche zur Hochzeit, Karten für Schwangere und Mutterschutz, Trauerkarten, Karten zum Valentinstag, Geburtsanzeigen, ja sogar Karten mit Botschaften wie »Willst du mein Trauzeuge werden?« und »Du wirst Papa« ... Mein USP sind schöne Motive, die preislich im Rahmen der Konkurrenz liegen, sich aber durch moderne Illustrationen und Schriftzüge von der Masse abheben.

Dass ich einen Großteil meiner passiven Einnahmen mit einzelnen Kartensets verdiene, hatte ich nie auf meiner Wunschliste stehen. Vielmehr wollte ich ein Passive Money-Produkt kreieren, das zeitlos ist und mir mit wenig Arbeit Geld beschert. Durch ein offenes Mindset habe ich diese Idee sofort erkannt. Mein Passive Money-Suchfeld ist immer auf Empfang gestellt, dabei kommen mir ständig weitere Ideen über den Weg. Manche verwerfe ich wieder, weil ich in der Kalkulation feststelle, dass es doch nicht so lukrativ ist, wie ich es mir wünsche, oder die Beschaffung zu kompliziert oder vielleicht auch das Risiko mangelnder Qualität zu hoch. Dafür stoße ich dann auf andere Optionen, die eine viel höhere Marge haben, als ich zuvor gedacht habe.

AUF DEM WEG

Sobald du angefangen hast, ist der Prozess unaufhaltsam. Die kleinen Funken in dir entfachen sich bald zu einem großen Feuer, das durch den Fortgang immer weiter befeuert wird. Du generierst die ersten Umsätze, merkst, dass du mit Händlern Konditionen verhandeln kannst, dass KundInnen dich finden, deine Produkte lieben und sich Erfolg und Geld mit der Zeit immer müheloser einstellt. So soll es sein!

Mit jedem weiteren Schritt auf deinem Weg kommst du an Kreuzungen, wo du dich fragst, wo es langgehen soll. Doch mit der Zeit sammelst du positive Erfahrungen, die dir bestätigen, dass es funktioniert. Rückblickend wirst du wissen, dass es genau das Richtige war. So viele neue Türen werden sich für dich öffnen, neue Glaubenssätze dich begleiten, und du wirst neu bewerten, was dir deine Zeit und deine Leistung wert sind.

Doch wir Menschen sind Gewohnheitstiere und bewegen uns am liebsten in den uns vertrauten Gewässern. Doch wenn wir uns einmal neue Ziele gesetzt und diese auch erreicht haben, dann wollen wir nicht mehr in alte Muster und festgefahrene Einkommensmodelle zurückfallen. Bei einem meiner letzten Coachings habe ich Stéphanie begleitet. Sie war seit über 20 Jahren Lehrerin und erschöpft und ausgelaugt von ihrem Job, dessen Strukturen sie kraftlos und unglücklich gemacht haben. Sie hat sich für ein Sabbatical-Jahr entschieden, um zu entschleunigen, aber auch um die Chance zu ergreifen, ihr eigenes Business aufzubauen. Ein ganz wichtiger Anker bei ihr war: Ich habe immer die Möglichkeit, zurückzugehen, wenn es nicht klappt. Tief in mir wusste ich bereits, dass sie alles dafür geben wird, das Jahr gut zu nutzen und nicht mehr zurück zu müssen. Ich erinnere mich noch an unsere ersten Sessions, in denen Stéphanie noch von ihrem negativen Umfeld geprägt war und unglücklich dreinblickte. Ein Dreivierteljahr später hat sie ihre ersten Kunden, sitzt selbstbewusst und strahlend vor mir und erzählt mir in einem Nebensatz, dass sie ihrer Chefin gesagt hat, nicht mehr zurückzukommen. Sie hat es mir ganz beiläufig erzählt, weil es für sie mittlerweile völlig logisch war, dass sie nicht mehr in alte negative Strukturen und ein demotivierendes Umfeld zurückkehren möchte. Den Wandel ihrer Persönlichkeit, ihrer Energie und ihrer inneren Zufriedenheit zu beobachten, macht mich heute immer noch glücklich. Ich bin so stolz auf ihre Entwicklung und darauf, dass sie ihren eigenen Wert erkannt hat.

Genau das kannst du auch. Du musst nicht von heute auf morgen deinen Job kündigen. Ich möchte dich nicht mal motivieren, deinen Beruf aufzugeben. Wichtig ist mir vielmehr, dass du deinem Job nur nachgehst, wenn er dich glücklich macht und dich erfüllt. Und dir außerdem den dir angemessen erscheinenden monetären Ausgleich gibt für deine Lebenszeit, die du investierst. Sind diese Kriterien nicht erfüllt, dann ändere jetzt etwas. Bald wirst du auf dem Weg sein und die ersten finanziellen Erfolge feiern können. Ein Sabbatical oder eine Reduzierung der Arbeitszeit kann eine gute Möglichkeit sein, dir die Zeit dafür zu nehmen, ein neues Fundament zu bauen.

Aber noch eine Sache ist wichtig auf deinem Weg: Blicke immer wieder auf dein Vision-Board. Fühle Dankbarkeit für all die Dinge, die du schon erreicht hast. Ich bin sicher, es gibt Fotos, die du jetzt durch neue Bilder austauschen kannst. Neue Ziele, größere Visionen. Deine Wünsche werden niemals ausgehen, sie verändern sich. Wir verändern uns durch unsere neue Realität, aber auch durch unser Umfeld. Finanzielle Ziele dürfen höher gesteckt werden, deine Arbeitszeit und Erreichbarkeit angepasst werden. Auch dürfen passive Einnahmequellen immer wieder optimiert werden, je nach aktueller Lebenslage, Prioritäten und Zeitkapazität. Zum Beispiel hatte ich im ersten Babyjahr nicht das Ziel, den höchsten Gewinn aller Zeiten zu erzielen. Wichtiger war mir damals, glücklich und nicht ausgelaugt aus diesem Babyjahr zu gehen. Ich habe mein Geld gerne in Coachings und eine tolle Babysitterin investiert, die mir Freiraum für meine Projekte geschenkt hat. Du allein erlaubst dir, Türen zu öffnen und Grenzen zu setzen. Du bestimmst, was dir deine Zeit wert ist.

Zu guter Letzt: Es werden nicht alle Projekte durch die Decke gehen. Das ist okay. Mir und jedem anderen Unternehmer geht es auch so. Reflektiere in diesen Momenten, woran es vielleicht lag, was du künftig anpassen musst. Akzeptiere, dass es manchmal besser ist, eine Idee fallen zu lassen, anstatt Geld zu verschwenden. Halte immer die Augen offen für neue Möglichkeiten, sei schnell und flexibel. Höre auf dein Bauchgefühl. Letzteres ist mein wichtigster Berater im finalen Moment. Wenn es zwickt, dann warte ich lieber nochmals ab und mache das Projekt nicht. Ein Gefühl, dass dich nicht trügen wird. Es warten noch so viele neue Projekte auf dich!

GENIESSEN

Ein wichtiger Teil ist auch, die Ergebnisse zu genießen und Erfolge zu feiern. Nimm dir Auszeiten, sei offline und lies ein Buch, das dich interessiert. Verbringe Zeit mit deiner Familie, wann du möchtest. Geh in die Natur, lass den Gedanken freien Lauf. Was auch immer dich glücklich macht, mach es, wann du es möchtest. Nicht nur samstags und sonntags. Hör auf deine Bedürfnisse und dein Empfinden. Was brauchst du heute? Erzwinge nichts und nutze lieber den Flow-Zustand, wenn du merkst, dass das Feuer da ist. Meine größten Erfolge und interessantesten Anfragen kommen immer genau dann, wenn ich loslasse. Wenn ich nicht verbissen bin, stürze ich in etwas rein. Gerade der räumliche Wechsel tut mir sehr gut. Ich liebe es, wandern zu gehen, meinen Körper zu spüren, die Ruhe der Natur zu genießen, die Demut vor dem Berg. Ich lasse los und vertraue, dass so viel Gutes und Schönes, das ich mir noch gar nicht ausmalen kann, auf mich zukommen wird. Ganz von alleine. Auch hier: Ich definiere, dass Möglichkeiten auf mich zukommen. Nicht andersherum. Wenn dein Glaubenssatz ist, dass du immer kämpfen und fordern musst, dann ist das halt so. Aber was möchtest du wirklich?

Arbeit darf sich leicht anfühlen und Spaß machen, glaub mir! Wie oft bin ich schon den Berg runtergelaufen und habe meinen Flugmodus ausgeschaltet und plötzlich hatte ich eine Buyout-Verlängerung im Postfach im Wert von mehreren 1000 € oder eine Coaching-Anfrage.

Der Schlüssel des Erfolgs liegt für mich in einer holistischen Betrachtung. Baue dir ein Money-Mindset auf, das dir dient und dich in deinen Wert und deine Möglichkeiten vertrauen lässt. Das Wissen aus diesem Buch und die Kalkulation deines Projekts, bevor du einfach losstürmst, schenken dir Sicherheit. Der Finanzplan deiner Kalkulation gibt dir Klarheit darüber, was möglich ist und was als nächster Schritt erfolgen sollte.

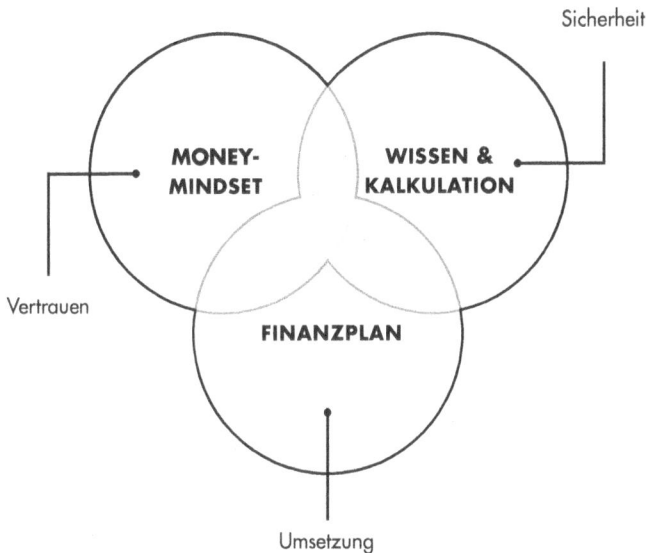

AFFIRMATIONEN

Affirmationen sind positive und bejahende Formulierungen, die durch kontinuierliches Wiederholen dein Unterbewusstsein positiv beeinflussen, ja sogar dein Denken und Handeln verändern können. Affirmationen in den Alltag zu integrieren, bedeutet, Verantwortung zu übernehmen, sein Mindset auf Erfolg zu polen. Was du wirklich (von dir) denkst, beeinflusst nachweislich dein Fühlen und Handeln und hilft dir, alte und einschränkende Gedankenstrukturen aufzulösen und durch neue, förderliche Überzeugungen zu ersetzen. Du programmierst dein Denken und Handeln neu. Ich empfehle sogar, dir deine Affirmationen regelmäßig laut vorzulesen. Noch effektiver ist es, wenn du dich dabei im Spiegel ansiehst. Deine Augen werden dir genau verraten, ob du dir deine Worte wirklich glaubst und welche Sätze noch mehr Aufmerksamkeit benötigen.

Positive Affirmationen über Geld können sein: Ich verdiene es, reich zu sein. Ich gönne mir und allen anderen Menschen um mich herum ihren Reichtum.

Vielleicht machst du dir von der nachfolgenden Seite eine Kopie und hängst sie an deinen Badezimmerspiegel, bewahrst sie in deiner Geldbörse auf oder liest sie dir nochmals vor dem Schlafengehen durch. Achte gerade auf die Sätze, die in dir den größten Widerstand auslösen. Denn dann sind da noch negative Überzeugungen über Geld und Reichtum, die dich in deinem alten Sein festhalten und dir neue Wege und Möglichkeiten versperren. Du kannst nur das erreichen, was du dir selbst erlaubst. Grenzen setzen ist so viel einfacher, als sie aufzulösen. Sage dir die Sätze auch gerne

Affirmationen

laut auf oder singe sie unter der Dusche. Doch ganz egal wie du es machst: Wenn du dein Unterbewusstsein ähnlich deinen Muskeln konstant trainierst – in diesem Fall mit positiven Glaubenssätzen, wie ich sie in den folgenden 30 Affirmationen zum Ausdruck gebracht habe –, dann wirst du auch Erfolg haben.

1
Ich öffne mich jetzt für ein Leben in Fülle und Reichtum.

2
Ich heiße Geld willkommen.

3
Geld darf leicht verdient werden.

4
Ich bin kreativ darin, Geld zu verdienen.

5
Ich verdiene es, viel Geld zu haben.

6
Es ist normal, wohlhabend und glücklich zu sein.

7
Ich bin ein Geldmagnet.

8
Es ist immer genug Geld für mich da.

9
Mein Erfolg ist unvermeidlich.

10
Es ist genug für alle da.

11
Ich gönne mir und allen anderen Menschen ihren Reichtum.

12
Ich verdiene es, ein angenehmes Leben zu haben.

13
Ich muss mir keine Sorgen um Geld machen.

14
Ich entdecke ständig neue Einkommensquellen.

15
Es ist sicher, Geld zu haben.

16
Jeden Tag fühle ich mich wohler und wohler damit, Geld zu haben.

17
Alles, was ich brauche, ist schon in mir.

18
Ich liebe, was ich tue.

19
Ich liebe Geld und Geld liebt mich.

20
Mein Konto ist immer reichlich gefüllt.

21
Meine Einnahmen übersteigen meine Ausgaben.

22
Ich nutze Geld auch, um anderen zu helfen.

23
Meine Handlungen schaffen ständigen Wohlstand.

24
Mein Geld arbeitet für mich, um mir immer mehr Geld zu verschaffen.

25
Ich bin in der Lage, mit großen Geldsummen umzugehen.

26
Geld ist Energie, also ist Geld gut.

27
Ich habe eine positive Einstellung zu Geld.

28
Ich bin finanziell frei.

29
Ich verdiene es, reich zu sein.

30
Ich liebe mein Leben und alles, was es mir bietet.

DANK

Dieses Buch würde ohne die Unterstützung vieler wunderbarer Menschen nicht in meinen und deinen Händen liegen. Ithar, danke, dass du schon immer meine Vision gesehen hast, für die vielen Gespräche und kritischen Fragen. Du bist eine wahre Bereicherung in meinem Leben. Ohne dich gäbe es dieses Buch nicht. Markus, Partner in meinem Leben und der tollste Papa der Welt, danke, dass du mir im ersten Babyjahr den Rücken für dieses Projekt freigehalten hast. Meine Schwestern, die Konstanten in meinem Leben, ohne euch hätte ich das nicht geschafft. All die inspirierenden, starken und liebevollen Freundinnen um mich herum, was wäre ich ohne euch. Ihr wisst, wer gemeint ist. Dank auch an all die Menschen, die mich in Berlin geprägt und mir gezeigt haben, wie leicht das Leben sein darf. An Gianna, Alina und Johannes von Goldmann und Imke und Ashleen von Rauchzeichen für eure Begeisterung und euer Vertrauen von Anfang an.

SACHREGISTER

Abschluss (Schule/Ausbildung/Studium) 11f., 55, 103f., 154
Affirmation 52f., 86, 90f., 183f.
Aktien 18, 25, 63, 65, 68, 70f., 73, 75, 79, 141-156
Algorithmus 91, 129-132, 136, 138f.
Amazon FBA 18, 71, 73, 125-139
Amazon KDP 18, 25, 68, 71, 73-75, 119-122, 124, 138f.
Amazon Merch on Demand 68, 71, 73-75, 119, 123f., 138f.
Anlegen 10f., 63, 146-155
Arbeitszeit 10, 13f., 16-18, 60, 67, 71-73, 97f., 107, 112, 178f.
Ausbildung 12, 22, 25, 56, 62
Ausgaben 27f., 39, 60-62, 64-66, 77, 79, 97, 107, 155, 158, 184
Ausgaben-Tracking 39f., 65
Automatisieren 67, 69, 70-72, 98, 111, 114-117, 169, 171

Betriebswirtschaftslehre 12
Bewertungen (online) 19, 91, 114, 117, 121, 130, 135-137, 153, 171

Brand 14f., 18, 71, 79f., 88, 91, 93, 100, 130-134
Bruttopreis 61

Coaching 11, 25, 36, 41, 55, 105, 117, 169, 172, 178-180
Consulting 18, 48
Content, digitaler 68, 71, 73, 75, 103-118

Dankbarkeitstagebuch 84-86
Design 83-86, 91, 99, 120-123, 136, 139, 171
Dienstleistung 22, 46, 49, 77, 79
Domain 80f.
Dropshipping 68, 75, 93-101
Duckworth, Angela 57f.

E-Commerce 93f.
Eigenkapital 62, 72, 74f., 83, 93, 103, 119, 123, 125, 141, 157, 162-164
Einnahmen 18, 25, 27, 39, 55, 60, 64-75, 77, 79, 83, 97, 104, 106, 110, 122, 125, 151f., 155, 158f., 166f., 175f., 184

Sachregister

Einnahmequelle 10, 19, 22, 25f., 41, 64, 66-75, 83, 93, 100, 103, 117, 119, 123, 125, 141, 157, 179
Elster (Steuerprogramm) 27, 78, 152
Emoto, Masaru 56f.
ETFs 18, 25, 63, 65, 70f., 73, 75, 79, 141-156
Etsy 85, 88, 91, 93f.
Europäische Zentralbank 47, 160

FAQ 69f., 160
Festanstellung 13
Finanz-Einmaleins 59-64
Finanzamt 27, 78, 153
Finanzen 19, 27, 35, 59-66
FollowerInnen 112-114
Freibeträge 61f., 151, 155

Gebühr 27, 46, 61, 74, 79f., 86f., 96f., 105, 124-129, 134, 137, 139, 146-148, 150f., 165, 169
Geldentwertung *(siehe Inflation)*
Geschäftskonto 79
Gewerbeanmeldung 78
Gewinn 18, 20, 22, 28, 51, 60-63, 78, 122, 128f., 135, 137, 141f., 145f., 151, 176, 179
Gewinnbeteiligung 146
Glaubenssatz 9, 11, 19-21, 36-38, 43, 47, 49, 51f., 177, 180, 184

Gold 63
GRIT (Erfolgsformel) 57f.

Hobby 20, 25, 65, 72, 100, 104, 112, 114, 126

Illustration 86, 91, 120, 123, 176
Immobilie 18, 63, 66, 68, 71, 73-75, 157-167
Inflation 22f., 141, 149f., 153f., 157-160
Instagram 15, 28, 88, 90, 111, 115, 134, 172
Investment 18, 22, 25f., 32, 63-65, 70, 73f., 77, 79, 122, 141-156, 160f., 178
IT 17, 70

Kapital 25, 63f., 103f., 142
Kaufverhalten 23, 135
Kleinunternehmer 77f.
Kommunikationsstrategie 12f., 16, 48, 70f., 170
Konsum/Konsumverhalten 10, 23, 86, 93, 109, 160, 176
Kreditrate 65, 159
Kryptogeld 63
KundIn 12, 16f., 24, 28f., 48f., 68-70, 80, 87f., 91, 93-97, 99, 104-106, 108-111, 115, 117f., 124f., 128, 130-132, 134, 136, 138, 143, 169, 177f.
Kundenservice 69f., 100, 124f.

Sachregister

Marke (siehe Brand)
Markenanmeldung 79
Markenschutz 79f.
Marketing 15, 70, 74, 87f., 90, 95-100, 110-114, 142f.
Marketplace 71, 73, 89, 93-101, 126
Marktentwicklung 23
Marktlücke 18, 138, 176
Marktwirtschaft 22
Marshmallow-Effekt 31f.
Meditation 52
Mitarbeiterführung 12f., 16, 55, 70, 72, 87, 98, 170, 172
Money-Mindset 22, 31-58, 88, 117, 177, 180f., 183
Mood-Bild 14f., 95

Nebenjob 12f., 73
Nettopreis 61, 98, 106
NFTs 63
Notgroschen 63, 65f.

Onboarding 16, 70f., 98
Online-Kurs 21, 69f., 103-108, 111, 117, 137, 171
Online-Shop 14, 16, 18, 27, 68f., 71, 73-75, 79, 81, 85, 88f., 91, 93-101, 111f., 115f., 125, 132, 169, 176
Outsourcing 48, 69-71, 98-100

Passive Money
 -Business 14, 19, 27f., 49
 -Einnahmen 67-75
 -Fundament 21, 23-25, 32, 60
 -Produkt 177
 -Quelle 16, 18f., 23, 25-28, 48, 59, 71f., 124f., 157f., 175
 -Tool 121
 -Umsätze 123
Pinterest 14f., 43
Placebo-Effekt 31
Podcast 21, 105
Prägung, frühkindliche 20, 32, 34, 53, 91
Praktikum 11, 13, 21, 109
Preiserhöhung 22
Preisniveau 22
Produkt 14f., 16, 18, 22-24, 49, 68-73, 75, 79, 83-91, 93-101, 104-106, 108-110, 112, 114, 116f., 120, 122f., 125-135, 138, 169, 171, 176f.
Produkt, physisches 68, 90
Produktentwicklung 15, 70, 73
Produktfoto 95
Provision 98f., 146, 150, 166

Rebranding 80
Reinvestition 17f., 55, 66, 72, 122, 148, 151
Reisexperiment 56f.
Reklamation 69
Rendite 63f., 144-146, 149-154, 157f.
Rente 65f., 157

Retoure 69, 90, 96, 131, 136-138
Rezension *(siehe Bewertung)*
Risiko 135, 142, 150, 163, 177
Rücklagen 62f., 65f., 138f., 158
Rücksendung 69, 139

Sanierung 18, 113, 164-166
Schule 10f., 20, 22, 25, 55
Selbstständigkeit 47, 157, 162, 164
Selfpublishing 119-122
Shopify-Shop 85, 96f., 111f., 115f.
Social Media 11, 15f., 28, 70, 84f., 93, 99f., 111-113, 115, 170f.
Sparen 10, 13f., 18, 56, 62f., 65f., 70, 99, 111, 124, 145, 149-152, 155-158, 166, 173
Sparerpauschbetrag 151f., 155f.
Sparplan 70, 149-151
Start-up 13
Startkapital 26, 74, 119, 123
Status quo 27, 33, 64-66, 150
Steuern 26-28, 42, 46, 60f., 73f., 77f., 116, 125, 128, 137, 150-156, 158, 165f.
   Absetzen 26f., 162, 166
   Einkommenssteuer 62
   Grunderwerbssteuer 164
   Kapitalertragsteuer 155
   Mehrwertsteuer 61, 77
SteuerberaterIn 26f., 78, 166, 173
Steuererklärung 26f.
Steuernummer 78, 125

Steuerrückzahlung 27
Steuervoranmeldung 173
   Umsatzsteuer 27, 77f.
   Vorsteuer 77f., 152
Studium 12f., 16, 22, 25, 122, 154
Stundensatz 60
Suchmaschinenoptimierung (SEO) 99

The Life Barn 14f., 18, 48, 71, 84, 88, 96, 130
Tilgung 158f., 163
Trend 18, 23, 73, 91, 124, 141f., 145

Umfeld (Business-, soziales) 20, 32, 49, 52, 178f.
Umsatz 18, 23, 27f., 54, 60, 68, 73f., 77,-79, 98f., 112, 122f., 137f., 142, 145, 161, 164, 177
Unterbewusstsein 9, 19, 32-40, 43, 47, 51, 53f., 183f.
Unternehmensbeteiligung 63
Unternehmensorganisation 13

Verbraucherindex 22
Vermarktung *(siehe Marketing)*
Versand 69, 87-90, 93, 98f., 114, 116, 124-128, 130, 135f.
Vertrag 13, 16, 70, 97f., 155, 158, 164, 166, 172
Verwaltung 42, 60, 63, 72f., 75, 83, 93, 103, 119, 123, 125, 141, 157

Vision-Board 41, 43, 49, 51f., 54, 179

Ware 22, 27, 46, 60, 77, 79, 89, 94-96, 132, 136
Warteliste 69, 98, 172
Website 28, 69, 80, 111, 115, 122, 169, 172
Wenn-dann-Szenario 28, 32, 70f., 171

Werbung 96, 99, 121, 133f.
Werbungskosten 61
Worst-Case-Szenario 23, 90

Yoga 13-15, 18, 28, 48, 56, 70, 103, 109f., 120

Zielgruppe 24, 99
Zinsen 62, 64, 151, 160, 162f.

Unsere Leseempfehlung

272 Seiten

Unternehmerin und Influencerin Tijen Onaran zeigt, wie Networking heute wirklich funktioniert. Sie gibt eigene Erfahrungen weiter, reflektiert ihre Erlebnisse, erzählt Anekdoten aus ihrer Zeit in der Politik und Wirtschaft und leitet daraus konkrete Handlungsempfehlungen ab. Dieses Werk ist die ideale Lektüre für alle, die wissen wollen, wie man im Zeitalter der Digitalisierung erfolgreich netzwerkt.

goldmann-verlag.de